ŒUVRES COMPLÈTES

DE

EUGÈNE SUE.

ATAR-GULL.

OUVRAGES DU MÊME AUTEUR.

Le Juif errant. . . . . 10 vol. in-8.
Les Mystères de Paris . . . . . 10 vol. in-8.
Mathilde. . . . . 6 vol. in-8.
Deux Histoires. . . . . 2 vol. in-8.
Le marquis de Létorière. . . . 1 vol. in-8.
Deleytar. . . . . 2 vol. in-8.
Jean Cavalier . . . . 4 vol. in-8.
Le Morne au Diable . . . . . . 2 vol. in-8.
Thérèse Dunoyer. . . . . 2 vol. in-8.
Latréaumont. . . . . 2 vol. in-8.
La Vigie de Koat-Ven . . . . . 4 vol. in-8.
Paula-Monti. . . . . 2 vol. in-8.
Le Commandeur de Malte . . . 2 vol. in-8.
Plick et Plock. . . . . 2 vol. in-8.
Atar-Gull. . . . . 2 vol. in-8.
Arthur. . . . . 4 vol. in-8.
La Coucaratcha. . . . . 3 vol. in-8.
La Salamandre. . . . . 2 vol. in-8.
Histoire de la Marine (*gravures*). 4 vol. in-8.

Sceaux. — Impr. de E. Dépée.

ATAR-GULL

Par EUGÈNE SUE.

TOME PREMIER.

PARIS,

CHARLES GOSSELIN, | PÉTION, ÉDITEUR,
Editeur de la Bibliothèque d'élite, | Libraire - Commissionnaire,
30, RUE JACOB. | 11, RUE DU JARDINET.

1845

A MONSIEUR

FENIMORE COOPER.

Me pardonnez-vous, Monsieur, de répondre publiquement à la lettre si flatteuse que vous avez bien voulu m'écrire au sujet de mon premier ouvrage ?

Cette vanité de jeune homme impatient de mettre tout le monde dans la confidence de sa bonne fortune littéraire est sans doute blâmable ; mais, sentant le besoin de donner quelques explications sur ce nouveau livre, j'ai pensé qu'elles acquerraient bien plus d'importance et de valeur en vous étant adressées, à vous, Monsieur, qui avez créé le *roman maritime* d'une manière si originale et si puissante, et qui partagez avec Goëthe et Scott le rare et précieux privilége d'être un des *types* de la littérature étrangère contemporaine.

Je suis persuadé comme vous, Monsieur, que si l'esprit général de notre nation pouvait arriver peu à peu à comprendre tout ce qu'il y a de forces, de ressources, de moyens de défense ou de conquêtes commerciales dans la marine, la France pourrait devenir l'égale de toute puissance européenne sur l'Océan.

C'est aussi cette conviction profonde,

Monsieur, qui m'a donné le courage de publier quelques essais maritimes; car, venant après vous, il fallait un tel mobile pour oser entreprendre une tâche aussi périlleuse.

J'ai longtemps agité la question de savoir si je ne devais pas choisir pour sujets de romans quelques-uns de ces merveilleux faits d'armes si nombreux dans nos annales maritimes ; mais j'ai estimé qu'il était mieux de débuter modestement comme peintre de *genre*.

Et puis aussi que le public, plus familiarisé avec l'idiome, la langue et les habitudes des marins par mes premières esquisses, pourrait prêter une attention moins distraite alors par l'étrangeté de ces mœurs, à une fabulation toute historique, d'une portée plus large et d'un intérêt plus national.

Vous trouverez peut-être, Monsieur, que j'ai bien abusé, dans *Atar-Gull*, de cette licence que vous nous accordez, de commettre des meurtres flagrants et atroces pour exciter la sensibilité du lecteur; mais je me débattais en vain sous la fatale influence de l'effrayant sujet que j'avais embrassé, et, comme *Macbeth* de Shakespeare, ma *férocité* n'a pas eu de bornes, parce qu'un crime était la conséquence, la déduction logique d'un autre crime.

Aussi, Monsieur, j'ai une terrible crainte de passer pour un *homme abominable*, faisant de l'horreur à plaisir.

Et pourtant, à la faveur de cette peinture trop exacte (je le crois) de la retraite des noirs, de leur esclavage et de ses résultats, j'ai voulu, non élever une polémique bâtarde et usée sur des droits que plusieurs contestent, mais bien poser des faits, des chiffres, au moyen desquels chaque partie adverse pourra établir ses comptes. — L'addition seulement reste à faire.

Maintenant, Monsieur, je vais vous soumettre le plan que j'ai cru devoir suivre pour parfaire ce livre.

Permettez-moi seulement une question.

Ne vous est-il pas souvent arrivé de rencontrer par hasard, dans le monde, un homme que vous ne connaissiez pas, et que vous regardiez pourtant avec une curieuse attention, tant sa physionomie vous frappait?

VI

La tournure originale, incisive de quelques phrases, vous étonnait, et vous écoutiez avidement... — Alors, tombant sous le charme d'une conversation rapide, étincelante, animée, n'éprouviez-vous pas je ne sais quelle sympathie pour cet être si singulier qui, apparaissant là comme isolé au milieu de ce monde bruyant et tumultueux, semblait presque fantastique, tant il y avait d'imprévu, de charme et de mystère dans cette rencontre?

Et puis, malheur, un importun vous frappait sur l'épaule, vous détourniez la tête avec humeur... et malheur... car l'inconnu était peut-être Byron, Châteaubriand, Bonaparte?

Et il avait disparu.... et vous ne le revoyiez plus... plus jamais... Aussi y pensiez-vous toujours avec un sentiment de tristesse douce et de regrets... En un mot, cette soirée, cette heure de conversation *datait* dans votre vie, n'est-ce pas?

Et laissez-moi, Monsieur, citer à l'appui de ceci, deux faits personnels : il ne s'agit ni de Byron, ni de Châteaubriand, ni de Bonaparte, mais d'hommes qui ne manquaient pas de supériorité.

Un jour, j'étais à Saint-Pierre (*Martinique*), et comme notre frégate devait mettre à la voile, j'allai le soir faire mes adieux à une excellente et digne famille, dont les soins touchants et empressés m'avaient arraché à une mort cruelle ; — j'arrivai, et, après quelques moments d'une causerie amicale, on annonça le curé de ***.

Figurez-vous, Monsieur, un homme

jeune encore, pâle, le front saillant, des yeux vifs et noirs, une parole brusque, brève, et l'air, le ton de la meilleure compagnie.

On parla politique. — Je m'attendais à une discussion étroite et hargneuse, ou à un dédaigneux mutisme de la part du prêtre. — Point : le prêtre causa longtemps, et sa conversation âpre et nerveuse, ses idées claires, fortes et neuves, m'étonnèrent à un point extrême.

— On parla beaux-arts, musique, peinture : même supériorité, même science toujours naïve, saine et vigoureuse... Et je me souviens qu'il nous fit, entre autres choses, une curieuse et poétique dissertation sur l'influence du polythéisme et du christianisme dans les arts, tout à l'avantage de la dernière croyance.

On parla statistique, géométrie, mécanique; il en raisonna comme un habile praticien, et le colon chez lequel je me trouvais lui demanda même pourquoi il ne faisait pas exécuter en grand l'admirable moulin à sucre qu'il avait inventé.

Enfin, Monsieur, vaincu par les sollicitations de mon hôte qui jouissait de ma stupéfaction, nous allâmes au presbytère. Il était, je crois, minuit.

Ici, le prêtre nous chanta de sa musique, nous montra de sa peinture, voulut bien nous lire un de ses livres, un manuscrit remarquable sur la liberté des cultes, nous expliqua ses machines à moudre les cannes, singulièrement simplifiées.

Que vous dirai-je, Monsieur? ce prêtre résumait en lui tous les prodiges de l'intelligence et du savoir. Simple, pauvre et bon, d'une infatigable activité d'esprit, ne dormant presque pas, et passant sa vie à fouiller les racines de l'arbre de la science; en un mot c'était presqu'un *Faust*, à la damnation près (je le suppose du moins).

Enfin, Monsieur, ces heures rapides passèrent; je restai sous le charme jusqu'à trois heures du matin; à cinq heures, j'étais en route pour la Jamaïque, et je ne devais plus revoir ce prêtre singulier, je ne l'ai plus revu, peut-être a-t-il fini ses jours sous le ciel brûlant des tropiques, car sa santé était faible et usée par l'étude... peut-être ce génie ardent et inconnu est enseveli sous une pierre obscure.

Une autre fois, en Grèce, quelques jours

avant le combat de Navarin, je vis pendant une heure, à Anti-Paros, un descendant du célèbre Panajotti, favori du visir Kropoli; cet intrépide vieillard avait puissamment contribué au soulèvement de son pays, connu Byron, égalé Canaris; d'une finesse d'esprit exquise, d'un jugement droit et éprouvé, il me parla longuement de la Grèce, et jamais la position vraie de ce malheureux pays, son avenir, ses ressources, n'ont été plus poétiquement exposés que par ce vieux Grec à longs cheveux blancs, au costume pittoresque, assis sur un fragment de marbre aux sculptures effacées, prophétisant l'avenir de cette nation, qui fut toujours un prétexte dans les mains des puissances européennes.

Je quittai, et ne vis plus qu'une fois cet

homme extraordinaire : ce fut le lendemain du combat du 20 octobre ; il passait rapidement dans un canot le long de notre vaisseau, et se rendait, je crois, auprès de l'amiral, comme envoyé du gouvernement grec.

Cette longue et fatigante digression, Monsieur, tend à établir ceci, que souvent des êtres, tantôt remarquables par une grande puissance d'organisation, tantôt par des vices ou des vertus portés à l'excès... mais toujours frappants, saillants, d'une espèce à part, traversent notre existence, rapides et éphémères, comme ces météores que nous ne voyons qu'un moment, et qui s'éteignent pour toujours.

Or, Monsieur, je me suis demandé pourquoi, dans les romans maritimes surtout, dont le cercle est immense, dont les scènes sont souvent séparées entre elles par des milliers de lieues, on ne tenterait pas de jeter cet imprévu, ces apparitions soudaines qui brillent un instant et s'effacent pour ne plus reparaître.

Pourquoi, au lieu de suivre cette sévère unité d'intérêt distribué sur un nombre voulu de personnages qui, partant du commencement du livre, doivent, bon gré malgré, arriver à la fin pour contribuer au dénoûment chacun pour sa quote-part;

Pourquoi, dis-je, en admettant une idée philosophique, ou un fait historique qui traverserait tout le livre, on ne grouperait pas autour des personnages qui, ne servant pas de cortège obligé à l'abstraction morale qui serait le pivot de l'ouvrage, pourraient être abandonnés en route, suivant l'opportunité ou l'exigeante logique des événements.

Alors, Monsieur, le lecteur éprouverait peut-être cette impression que j'ai tâché de rendre sensible, cette impression qui résulte de la subite apparition d'un homme extraordinaire que l'on ne voit qu'une fois et dont on se souvient toujours.

Je sais, Monsieur, qu'il faudrait un prodigieux talent pour arriver à ce résultat, d'attacher l'intérêt du lecteur sur un personnage pendant le tiers de l'action, je suppose, puis de faire disparaître ce personnage et renverser l'intérêt sur celui qui le remplace, enfin d'arriver ainsi au dénoument de l'ouvrage.

Mais s'il était possible de réussir, je crois

qu'on aurait surmonté l'écueil inévitable que les romans maritimes semblent offrir par les distances et les événements qui doivent nécessairement rendre l'unité d'intérêt et de lieu au moins bien difficile.

Car enfin, Monsieur, un navire est en route; avant d'arriver à sa destination, il touche dans dix pays différents : là, des mœurs étrangères, insolites, qui n'offrent aucun rapport entre elles, et peut-être là dix actions, dix puissants motifs d'intérêt, de quoi faire un beau livre; le vaisseau part, on ne se revoit plus, les amitiés commençantes sont brisées, l'amour brusquement tranché à sa première phase. Adieu l'unité d'intérêt.

Somme toute, ainsi qu'on l'a déjà dit, n'est-ce pas aussi une unité d'intérêt qu'un fait ou une idée morale, qui, traversant tout un livre, sert de pivot, de lien, aux événements ou aux personnages qui gravitent autour ?

Et le roman de marine surtout, ne peut-il pas vivre d'épisodes qui seraient déplacés dans tout autre genre de composition ?

Je sais qu'il était donné à un talent tel que le vôtre, Monsieur, d'encadrer, de resserrer dans le cycle de l'unité, les scènes immenses que vous avez décrites, et de résoudre un problème insoluble pour tout autre; mais c'est parce que je reconnais l'impossibilité d'atteindre à cette hauteur que je tâche de faire excuser le système contraire que j'ai adopté.

J'ose croire, Monsieur, que vous ne

verrez dans tout ceci la moindre idée de fonder, d'établir une théorie quelconque; je vais seulement au-devant de la critique qui pourrait, à juste titre, me reprocher d'avoir essayé de mettre en relief dans ce livre trois personnages au lieu d'un, sur lequel toute l'attention du lecteur devait être concentrée.

Je ne terminerai pas cette trop longue lettre, Monsieur, sans vous exprimer encore toute ma reconnaissance pour les encouragements que vous avez daigné donner à des ébauches bien imparfaites sans doute.

Eugène Sue.

Paris, ce 15 mai 1831.

> Jamais d'enfants ! jamais d'épouse !
> Nul cœur près du mien n'a battu ;
> Jamais une bouche jalouse
> Ne m'a demandé : « D'où viens-tu ? »
>   VICTOR HUGO. — Ode XXI, t. 2.

> — Où peut-on être mieux
> Qu'au sein de sa famille ?
>   *Vieil air.*

LA CATHERINE.

Voyez ce brick, il glisse bien timidement sur la mer des Tropiques, car c'est à peine si cette brise légère et folle peut gonfler ses larges voiles grises.

Ecoutez le murmure sourd et mélancolique de l'Océan ; on dirait le bruit confus d'une grande cité qui s'éveille ; voyez comme les vagues se soulèvent à de longs intervalles et déroulent avec calme leurs immenses anneaux ; quelquefois, une mousse blanche et frémissante jaillit du sommet diaphane des deux lames qui se rencontrent, se heurtent, s'élèvent ensemble et retombent en poussière humide après un léger choc.

Oh! qu'elle est scintillante et nacrée cette frange d'écume qui se découpe sur les flancs bruns du navire! comme le cuivre de la carène étincelle en reflets d'or au milieu de ces eaux vertes et limpides! que le soleil brille doucement au travers de ces voiles arrondies qui projettent au loin leurs ombres tremblantes!

Et par l'ange de saint Pierre, c'est un vaillant brick que celui-ci, qui, mollement bercé sur une mer paresseuse, semble s'y jouer comme une dorade par un beau temps.

Au souffle de cette petite brise, il continue honnêtement son chemin vers le sud-est, arrivant sans doute d'Europe où il se sera défait de toute sa cargaison, car il navigue sur son lest, et montre presque deux pieds de cuivre hors de l'eau.

Il fait à bord une chaleur excessive, et le soleil ardent de l'équateur calcine le pont, malgré la double tente qui couvre la dunette.

Dans ce navire, tout était propre, luisant, frotté, il y régnait un ordre admirable, un arrangement minutieux des plus petits détails, on eût dit un de ces comptoirs d'acajou soigneusement cirés, qui font la gloire et le bonheur d'un respectable fabricant de bonneteries.

Les fenêtres ouvertes à la brise laissaient pénétrer dans la dunette un courant d'air vif et frais qui soulevait de jolis rideaux de toile de Perse, et une vaste moustiquaire dont les plis légers entouraient un lit suspendu.

L'ameublement de cette petite cabine était fort simple : deux chaises, quelques instruments de mathématiques, un porte-voix, une malle, une table à roulis, et sur la table deux verres et une cruche de genièvre.

Au-dessus, le portrait d'une femme grasse et rebondie, souriant à un gros enfant joufflu qui lui offrait une rose, je crois; et dans le fond du tableau un chat angora, l'œil vif, la patte en l'air, jouant avec une bobine de coton.

Quel portrait ! quelle femme ! quel enfant ! quelle rose ! quel chat !

Tout cela fade et blanc, faux et lourd, laid, guindé, plâtré; pourtant on y trouvait je ne sais quelle naïveté d'expression qui n'était pas sans charmes : on reconnaissait dans cette peinture informe une bonne nature de femme heureuse et gaie ; et jusqu'à ce gros enfant rouge comme sa rose, tout semblait respirer le bonheur et la joie. — Et puis au-dessus du tableau pendait, soigneusement accrochée à un clou, une vieille couronne de bluets toute fanée.

L'équipage du brick, accablé par la chaleur, s'était sans doute retiré dans le faux pont, et tout dormait à bord, excepté le matelot du gouvernail et trois autres marins couchés au pied du grand mât.

Le timonier fit alors tinter huit fois une

petite cloche placée près de lui, et cria d'une voix forte ; « Allons, vous autres, relevez le quart. »

Le bruit causé par cette manœuvre réveilla sans doute l'habitant de la dunette, car la moustiquaire s'agita, on entendit tousser, remuer, grogner, et un homme en sortit, après s'être frotté vingt fois les yeux en bâillant d'une étrange manière.

C'était M. Benoît (Claude-Borromée-Martial), capitaine et propriétaire du brick la *Catherine*, de trois cents tonneaux, doublé et chevillé en cuivre (le brick).

M. Benoît (Claude-Borromée-Martial) était court, replet, fortement coloré, un peu chauve, avait le nez gros et rouge, les lèvres épaisses, le menton rentré, les joues pleines et lisses, et de petits yeux d'un bleu clair qui exprimaient une parfaite quiétude ; en somme, c'était bien la plus honnête physionomie du monde. Une veste et un pantalon de toile rayée composaient toute sa toilette ; et lorsqu'après avoir entouré son cou d'un madras, couvert sa tête grisonnante d'un grand chapeau de paille, il sortit de sa dunette, la figure calme et reposée, l'air souriant, satisfait, les mains croisées derrière le dos....., vrai, n'eussent été les feux dévorants de l'équateur qui faisaient étinceler l'Océan comme un miroir au soleil, la chaleur étouffante et le plancher mobile du brick,.... on eût pris M. Benoît pour un campagnard, humant l'air parfumé du matin dans son bosquet de tilleuls fleuris, et allant s'asseoir sur le frais gazon pour respirer à son aise la bonne odeur de ses jasmins tout brillants des gouttes de rosée.

— « Eh bien, garçon, » dit-il au timonier en lui pinçant joyeusement l'oreille, « la *Catherine* file donc devant la brise « comme une demoiselle respectueuse « devant sa mère ? » (car les comparaisons de M. Benoît étaient toujours chastes.)

— « Oui, capitaine ; mais elle se tor- « tille comme une déhanchée, la vilaine. « Tenez... quel coup de roulis... et cet « autre...

— « Ah dam, mon garçon, si nous « avions quelques quintaux de fer dans « notre cale, elle serait appuyée, cette « pauvre *Catherine* ; mais arrive notre

« chargement, et tu la verras ne pas plus
« broncher que l'armoire à linge que j'ai
« à Nantes dans ma petite salle à manger,
« où je reçois mes amis, » disait naïvement le bon capitaine en étouffant un soupir de regret.

A ce moment, un grand homme, brun et décharné, descendit des haubans de misaine et sauta sur le pont.

— « Je ne l'ai plus revue, » dit-il au capitaine Benoît en lui rendant sa lunette, « il faut qu'elle soit cachée dans la brume, car elle épaissit diablement, la brume,.... et le soleil, hein... est-il foncé ?....

— « Le fait est, monsieur Simon, que
« le soleil a l'air du four de campagne que
« *Catherine* faisait rougir au feu pour do-
« rer le macaroni que j'aimais tant... (Ici

« nouveau soupir..) Mais, dis-moi, cette goëlette,... elle me tracasse.

— « Disparue, capitaine, disparue ; j'a-
« vais d'abord craint que ce ne fût une
« goëlette de guerre, mais non ; un gré-
« ment tenu comme la teignasse d'un
« mousse malpropre, des mâts de hune,
« et des flèches de perroquet à faire cha-
« virer le bon Dieu, s'il s'embarquait à
« bord,.... et...

— « Simon,... Simon,..... tu recom-
« mences, je n'aime pas à t'entendre blas-
« phêmer comme un païen ; tu fais le
« philosophe, et ça te jouera un tour... tu
« verras.

— « Allons, bon, motus ; mais je vous
« le dis, cette goëlette n'est point un bâti-
« ment de guerre pour sûr ; d'ailleurs,

« les croiseurs anglais ou français ne vi-
« sitent jamais ce côté de la ligne ; ainsi
« ne craignez rien.

— « Je ne crains rien non plus ; j'ai,
« exprès, choisi ce côté de ligne, parce
« que je n'ai pas de concurrents : mes af-
« faires n'en vont pas plus mal ; encore un
« ou deux jours, et nous verrons le père
« Van-Hop... Il devient retors en diable ;
« par exemple, le *bois d'ébène* * renchérit.
« Ah ! il est passé, ce bon temps où, pour
« quelques caisses de quincailleries, j'en
« chargeais mon brick à ne savoir où
« mettre les pieds....

— « Alors. » dit Simon, « on se mo-
« quait pas mal du déchet.

* Les négriers appellent ainsi les chargements de noirs qu'ils prennent sur la côte.

— « Un tiers, Simon, toujours un tiers
« de déchet, parce qu'il faut, vois-tu, que
« le bois d'ébène fasse son jeu dans le
« faux pont, à cause de l'humidité et de la
« chaleur.

— « Aussi, capitaine, ce qui reste est
« fameux !! et on peut le vendre à la Ja-
« maïque pour en faire des pioches et des
« chariots, sans craindre qu'il éclate, »
répondit Simon en riant.

— « Farceur,... et pourtant c'est une
« partie toujours *très demandée* par ces
« messieurs des colonies.

— « Cordieu ! capitaine, si vous croyez
« qu'il ne faut pas plus de temps au chan-
« vre pour pousser que pour s'user une
« fois qu'il est tressé en cordages,... et que
« le bon Dieu n'a qu'à souffler pour....

— « Ah ça, Simon, encore ! tu ne veux
« donc pas finir ?... Silence donc, tu vas
« nous attirer quelque chose de là-haut ;
« tais-toi : viens plutôt causer de *Catherine*
« et boire une gorgée de *gyn.* »

Le capitaine et son second entrèrent dans la dunette et s'attablèrent.

— « Tiens, Simon, » dit Benoît en montrant le portrait qui ornait sa petite chambre, « vois donc, on croirait que *Catherine*
« nous regarde, et *Thomas*, donc,.... est-il
« ressemblant ! Jusqu'à *Moumouth* qui a
« l'air de me reconnaître avec sa patte
« levée ; et puis c'est cette couronne-là
« qu'ils m'ont donnée le jour de ma fête....
« à la saint Claude..... Pauvres chers
« amours ; allez,.... je pense à vous. »

« Et il soupira profondément. Le digne homme !....

— « Le fait est, capitaine, que vous « pouvez vous vanter de faire un crâne « père de famille, » dit l'autre avec l'accent d'une intime conviction.

— « Aussi une fois cette campagne « finie, » reprit Benoît, « je plante mes « choux ; car, après tout, qu'est-ce que « je veux, moi ? je n'ai pas d'ambition. « Ah ! mon Dieu ! une petite maison « blanche, des volets verts, et un rond « d'acacias sous lequel on dîne avec une « paire d'amis et sa chère *Catherine*,..... « sa chère *épouse*. » Et les yeux du capitaine Benoît pétillaient de plaisir en contemplant avec amour le portrait de ce qu'il appelait son *épouse*.

— « C'est qu'aussi, capitaine, votre
« épouse... Ah ! votre épouse est digne
« d'être aimée,...... elle a, sacredieu ! une
« paire de *bossoirs*, que...

—« Simon, ah ! Simon...

— « Pardon, capitaine ; c'est le gyn, il
« est fameux, et ça monte ; à propos de
« gyn, capitaine..... Mais voyez donc quel
« calme, quel beau temps ! ça réjouit le
« cœur. A propos de gyn, on dit, et j'en
« suis sûr, qu'il n'y a rien de bon pour
« la santé comme de faire bouillir dans
« du tafia une pomme de pin piquée d'une
« douzaine de piments enragés, et gros
« comme le poing de poivre de Cayenne ;
« on mêle ça avec le rhum, ou le genièvre, et
« mordieu, capitaine, c'est à regretter de
« n'avoir pas le gosier large, large comme

« une manche à vent, pour s'en abreuver
« à flots.

— « Bigre, ça doit gratter un peu, » dit Benoît en hochant la tête. (Pardonnez-lui ce juron (bigre), c'était le seul qu'il se permît.)

— « Du tout, capitaine, c'est un ve-
« lours, c'est doux comme le duvet d'une
« jeune mouette, un baume pour l'esto-
« mac.. J'ai connu un quartier-maître-
« voilier, un nommé *Bequet*, qui s'est guéri
« avec ça d'une affreuse catarrhe qu'il
« avait prise à *Terre-Neuve* sur un banc de
« glaces.

— « Ça, c'est vrai comme *Catherine* n'a
« qu'un œil. Simon, à ta santé, mon gar-
« çon.

— « Ne me croyez pas si vous voulez...

« A la vôtre, capitaine. Mais voyez donc
« quel temps !

— « Au fait, Simon, quel joli calme !
« il fait presque frais, oh !.. le beau so-
« leil... A ta santé... Un temps comme
« celui-là, vois-tu, ça donne envie de
« boire.

— « Capitaine, ceci est physique.....
« Mettez une éponge imbibée au soleil, et
« vous verrez la chose. A la vôtre...

— « Ah ! Simon..... c'est toi qui me fais
« l'effet de l'éponge, car tu t'imbibes joli-
« ment, » répondit maître Benoît, qui
commençait à être fort gai, très gai, on ne
peut pas plus gai.

— « Dis-donc, Simon...

— « Capitaine...

— « Si tu es raisonnable et que le père

« Van-Hop ne m'écorche pas trop en reve-
« nant de la Jamaïque... nous relâcherons
« quelque part. »

Et en parlant de parcourir ainsi presque le quart du globe, le bon homme n'y mettait pas plus d'importance que s'il eût dit : — En revenant du faubourg, si j'ai fait un bon marché, nous entrerons prendre quelque chose dans une taverne.

— « Vrai... bien vrai ?

— « Foi d'homme, Simon, et alors...
« deux ou trois bonnes journées..... Des
« farces, » dit à voix basse et mystérieusement Benoît en couvrant à moitié sa bouche avec sa main gauche.

— « C'est ça, capitaine, des folies, nous
« rirons, je dépense ma solde en deux
« jours ; allez donc, des voitures, des

« femmes, des oranges, des gants, des
« bas, des chaînes de montres, un castor
« en poil et des bretelles ! Allez donc.....
« tout le tremblement à la voile !

— « Et c'est vrai, et allez donc, » répétait Benoît à moitié gris, en frappant sur la table avec son gobelet de ferblanc. « Et
« allez donc... nous nous amuserons joli-
« ment... Quel beau temps !... Ah ! ouf !
« mais il ne faudra pas que Catherine
« sache... bigre !!!! »

— « Pardieu... capitaine... je le crois
« bien... à sa santé... Nous relâcherons
« à Cadix.... Ah ! capitaine... capitaine,
« je vous vois déjà sur la place San-An-
« tonio... Tonnerre du diable.... C'est là
« qu'il y a des femmes ! des yeux grands
« comme les écubiers d'une frégate, des

« dents... comme des rateliers de tour-
« nage, et puis comme dit la chanson :

> « Y una popa,
>
> « Caramba.
>
> « Como un bergantin.

« Ah ! bah, faut jouir de la vie, au bout
« du mât la hune.

— « C'est vrai, Simon, d'un jour à l'autre
« on peut avaler sa gaffe *.... et, bigre, on
« a raison de !... »

A ce moment le capitaine fut interrompu par un bruit infernal, et le brick donna une telle bande sur babord, que les bouts-dehors des basses vergues plongèrent d'un pied dans l'eau.

Benoît et *Simon* s'attendaient si peu à

---
* Mourir.

cette effroyable secousse, qu'ils furent jetés sur la cloison.

— « C'est une saute de vent » * cria Benoît tout-à-fait dégrisé et se précipitant hors de la dunette.

— « Ce qui nous annonce un ouragan...
« Ainsi nous allons rire, » dit Simon en suivant son capitaine.

* On donne ce nom à un changement subit de plusieurs quarts dans le vent régnant Les marins expérimentés jugent du moment où le vent doit sauter par le calme qui précède; ce qui est important pour ne pas perdre des mâts ou des voiles, car les sautes de vent arrivent avec une furieuse violence.

CHAPITRE DEUXIÈME.

Et la moitié du ciel pâlissait, et la brise
Défaillait dans la voile, immobile et sans voix.
Et les ombres couraient, et sous leur teinte grise,
Tout, sur le ciel et l'eau s'effaçait à la fois.

Et dans mon âme aussi, pâlissant à mesure,
Tous les bruits d'ici-bas tombaient avec le jour,
Et quelque chose en moi, comme dans la nature,
Pleurait, priait, souffrait, bénissait tour-à-tour.

DE LAMARTINE. — *Harmonies*, L II, h. II.

Hélas! quand la mer roule sur des catholiques, c'est qu'ils sont obligés d'attendre plusieurs semaines qu'une messe leur ôte un boisseau de charbons ardents du purgatoire; car, tant qu'on ignore ce qu'ils sont devenus, les gens ne veulent pas risquer leur argent pour les âmes des morts; il en coûte trois francs pour faire dire une messe!

BYRON. — *Don Juan*, ch. II. st. LVI.

L'OURAGAN.

Heureux matelot ! ta vie est accidentée d'une manière si piquante ; tout à l'heure du calme, du soleil, un balancement doux comme celui qu'une jeune Indienne imprime à l'érable rouge festonné de guirlandes d'apios, qui cache parmi ses fleurs le berceau de son fils.

Alors l'insouciance, la molle paresse. une causerie sans suite, capricieuse et vagabonde ; alors tes gais souvenirs de terre, le vieux chant de ton pays, et une bouteille de ce genièvre poivré qui réjouit tant le cœur et y verse la poésie à flots ; car ta poésie à toi, bon marin, c'est l'espérance!.. L'espérance de voir dans l'avenir des combats dont tu sors vainqueur, une grosse orgie, un ancrage sûr où ton navire puisse dormir pendant que tu sèmes à terre les piastres, les gourdes, les onces, les moïdors, que sais-je? moi; car en vérité tu as des monnaies de toutes sortes, brave homme, le ciel sait où tu les prends... Enfin, le genièvre te montre tout cela à travers son prisme jaune et brillant comme la topaze. Tu poignardes ton ennemi, tu serres ton or, tu baises les joues d'une joyeuse fille... tiens, des sequins ; tiens, des peziques... en voici, cordieu, en voici, achète des robes à falbalas comme la femme d'un amiral, fais-toi belle et donne-moi le bras...

Mais tout-à-coup, le ciel se couvre, l'Océan mugit, le vent gronde, laisse là ton verre à moitié plein, n'achève ni ton projet, ni ta chanson, ni ton sourire, plisse ton front, et brave la mort, car elle est menaçante...

Or, aussi à bord de la *Catherine*, on était généralement d'avis qu'elle menaçait.

L'équipage monta sur le pont, triste, silencieux, car on n'était pas encore au fort du péril, on l'attendait, on le voyait arriver, et cette conscience d'un danger prochain, inévitable, avait assombri toutes les figures.

Le brick s'était fièrement redressé,
quoiqu'il eût perdu son petit mât de
hune dans la bourrasque. Mais les vagues
commencèrent à s'enfler, et le ciel se couvrit de vapeurs glauques et rougeâtres
comme la fumée d'un incendie qui, se
reflétant sur les eaux, voilèrent d'une
teinte grise et lugubre cet Océan tantôt si
frais et si bleu.

— « C'est un échantillon de ce que
« l'ouragan nous promet, et il tiendra, »
avait dit Benoît qui s'y connaissait; aussi,
à peine les huniers étaient-ils amenés
qu'un mugissement sourd se fit entendre,
et une large zone de nuages sombres,
noirs, qui semblait unir le ciel et la mer,
s'avança rapidement du nord-ouest en
chassant devant elle un banc d'écume

bouillonnante, effroyable preuve de la fureur des vagues qui accouraient avec la tempête....

Benoît et Simon se serrèrent la main, en échangeant un coup d'œil sublime.

Ces physionomies, naguère insignifiantes comme la brise folle qui se jouait dans les cordages du vaisseau, parurent sortir d'un sommeil léthargique ; ces hommes vulgaires ; ces nains pendant le calme grandirent... grandirent avec l'ouragan et se dressèrent géants intrépides au premier choc de la tempête.

Ce qu'il y avait de mesquin et de plat dans la figure du capitaine disparut, ce front tout-à-l'heure stupide se releva brillant d'une incroyable audace qui semblait défier le ciel ! Ce regard terne devint éclatant et un sourire de dédain et de supériorité donna une admirable expression à cette bouche si niaise.

C'est qu'aussi, en présence de ces instants décisifs, de ces imminentes questions de vie ou de mort, les petits détails de beauté conventionnelle s'effacent, l'âme seule se reflète sur le visage, et si, au moment du péril, cette âme s'est réveillée puissante et vigoureuse, elle imprimera toujours un caractère noble et grandiose aux traits de l'homme qui osera lutter contre la nature en furie.

— « Enfants, » cria le capitaine, car déjà l'ouragan hurlait plus fort que le tonnerre; « enfants, ne craignez rien, ce
« n'est que de l'eau et du vent, dépassez
« le mât de hune qui nous reste ; toi, Si-

« mon, cours à l'avant, nous essaierons
« de tenir la cape avec la grand'voile au
« bas ris, tâche de la faire amurer... et
« toi, timonnier, la barre dessous, met-
« tez-vous deux, trois s'il le faut, pour
« gouverner ; car je crois que le vent va
« s'entêter contre le brick, comme un en-
« fant mutin contre son père..... aussi,
« mes garçons, ne lui cédons pas... c'est
« d'un mauvais exemple. »

A peine Benoît achevait-il ces mots, que l'ouragan tombait à bord.

La *Catherine* tourbillonna longtemps sur des lames affreuses qui se brisaient entre elles, et disparut même au milieu d'une pluie d'écume soulevée par la violence de la tempête qui sifflait dans les manœuvres, pendant que les craquements de la membrure se succédaient, secs et précipités, comme le bruit d'un marteau sur une enclume ; inondé par d'énormes masses d'eau qui s'abattant sur le pont avec un horrible fracas, le balayaient dans toute sa longueur ; soulevé sur le dos monstrueux des vagues, et lancé dans un abîme sans fond, le malheureux brick semblait devoir s'engloutir à chaque instant.

— « Tenez-vous aux haubans et au râ-
« teliers, » criait Benoît, « ce n'est rien,
« ça rafraîchit, il fait si chaud !...., et puis
« la propreté de *Catherine* sera faite pour
« demain..... et vous, la barre sous le
« vent.... loffez... loffez... ou sinon... »

Il ne put achever, une montagne d'eau qui s'élevait à la hauteur des hunes, déferlant contre la dunette, se déroula sur le pont, le couvrit de débris et se retira par la proue en emportant deux hommes qui disparurent au milieu des flots ; ces deux hommes venaient, je crois, d'épouser les deux sœurs, deux Nantaises fraîches et roses ; ils s'aimaient beaucoup, une forte amitié de matelots ; toujours de quart ensemble, toujours ivres ensemble, toujours se battant ensemble, l'un s'était marié pour faire comme l'autre, l'autre se jeta à l'eau pour sauver son ami ou faire comme lui, — se noyer, — Or ils finirent ainsi qu'ils avaient commencé : — ensemble !

Simon était fortement accroché à une drisse ; quand la vague fut écoulée, il se releva fièrement, le front intrépide, ruisselant d'eau, ses cheveux collés sur ses joues.

Un matelot, jeté violemment sur la drôme par cette dernière lame, s'était cassé le bras, et hurlait très fort.

— « Veux-tu fermer la bouche, braillard, » lui dit Simon, « où tu avaleras la première *baleine* * qui tombera à bord. »

Les cris redoublaient.

— « Après tout ; je m'en moque, » dit Simon, « fait la pompe si ça t'amuse... »

Il fallait bien tâcher de consoler et d'égayer ce pauvre blessé.

— « Et toi, mon bon *Caïot* », disait le capitaine Benoît au timonnier, « la barre
« sous le vent... attention... »

— « Oh! capitaine, « répondait celui-ci en s'essuyant le front, « tant que le navire
« gouvernera, *n'y a pas de soin*, ça balance,

* La première lame.

« c'est, sauf respect, comme le tape-cul
« qui est à Nantes au *Panier fleuri,* autant
« jouer à ça qu'à autre chose, et on n'a pas
« à craindre les plats-dos... »

— « Défiez-vous... défiez-vous, capitaine, » cria Simon, car il vit arriver avec fracas une énorme lame qui, se dressant menaçante, resta immobile pendant cet espace si court où le sommet est tenu en équilibre sur sa base... mais la violence du vent la fit pencher ; elle plia sur elle-même, se déroula pesantement en poussant devant elle une nappe d'eau blanchissante, vint s'abattre avec fracas sur l'arrière du brick, et il disparut encore sous cette vague qui tonnait comme la foudre...

La commotion fut si violente, que le safran du gouvernail, heurté par le travers, donna une affreuse secousse à la barre : les trois hommes qui la tenaient furent renversés sur le pont, et par suite de ce malheureux accident, le brick venant au vent, la grande voile faceilla et fut masquée en grand.

Benoît sortait alors de dessous la vague qui venait de se retirer, et tenait embrassé le portrait de sa femme, qu'il avait repêché au milieu des débris de la dunette :

— « Je ne laisse pas comme cela enlever « Catherine... » disait-il, « car ma pauvre « épouse.. »

Il ne put achever, en voyant la position critique du navire. « Nous sommes per- « dus, » s'écria-t-il, et d'un bond il se précipita sur la barre pour laisser arriver et tâcher de démasquer.

Impossible... il était trop tard...

Le grand mât résista à peine deux secondes, plia... se rompit avec un bruit éclatant, brisa le grément qui se tenait du côté du vent, tomba sur le bastingage du babord... et de là dans la mer, en entraînant les haubans qui l'attachaient toujours au navire.

Ce qu'il y avait d'horrible dans cette position, c'est que ce mât, poussé par les lames furieuses, allait et revenait contre le brick auquel il tenait encore par une partie de ses manœuvres, et, agissant comme un bélier sur ses flancs, menaçait d'y faire une trouée qui l'eût coulé à fond.

Une seule chose restait à faire, c'était

de couper les cordages qui liaient cette poutre au brick*.

— « Il n'y a pas à balancer, c'est dange-« reux, mais il y va de notre peau, » dit Benoît, en s'amarrant aussitôt au bout d'une manœuvre, et d'un saut il fut à cheval sur le bastingage, sa hache à la main.

— « *Catherine* et *Thomas*, » dit le brave homme, en enjambant le plat-bord, « c'est pour vous... »

Il s'élança...

Mais une main de fer saisit la corde au moment où il allait sauter, et le digne Benoît fut un instant suspendu en l'air, puis halé à bord par son ami Simon.

* Mais le danger était immense, car on ne pouvait opérer cette scission qu'en se jetant à la mer, afin de s'accrocher au *chouque* du mât;... là seulement les hautbans n'étaient pas en chaînes de fer, comme cette partie du grément qui tient au porte-haubans.

— « Ah ! gredin, » s'écria Benoît, » tu veux
« donc faire sombrer le brick ? » et il dirigea
sa hache sur Simon, qui évita le coup...

— « Diable ! vous devenez vif, capi-
« taine, je voulais vous dire que ce n'est
« pas là votre place... Pour cette besogne
« vous ne verriez pas assez clair, Cathe-
« rine et Thomas vous brouilleraient la
« vue... »

Et il sauta sur le bastingage.

— « Mon bon Simon, » dit Benoît en
l'arrêtant par la jambe, « jure-moi...

— « Sacré mille tonnerres, mille mil-
« lions de diables, voulez-vous me lâ-
« cher ?... sacré...

— « Ce n'est pas comme ça que je vou-
« lais te faire jurer, mais amarre-toi...
« pour l'amour de Dieu, amarre-toi... »

Simon ne l'entendait plus, il s'était déjà jeté à la mer, afin d'atteindre le mât et de s'y cramponner pour le débarrasser de son grément.

Le vent se calmait, mais la houle était toujours très forte.

— « Pauvre Simon... il est cuit, » dit Benoît, en voyant son second, tâchant de se tenir à cheval sur cette poutre ronde qui roulait à chaque lame et s'avançait vers le flanc du brick.

La position de Simon était horriblement dangereuse, car il risquait à tout moment d'être écrasé contre le navire.

— « Encore un coup de hache, Simon, » criait Benoît, « et nous sommes parés.
« Ah.... mon Dieu.... Simon... Simon...
« défie la vague... à la mer... jette-toi à

« la mer….. tu vas….. Simon… Ah !….. »

Et le capitaine poussa un cri affreux en mettant la main devant ses yeux.

Simon avait eu la tête broyée entre le mât et le brick ; mais aussi grâce à son intrépide sang-froid, le navire était sauvé d'une position bien critique, je vous assure.

L'ouragan s'apaisait peu à peu comme toutes les bourrasques des mers des Tropiques qui tombent aussi rapidement qu'elles s'élèvent ; le vent se régla, les nuages chassèrent rapidement vers le sud.

Quand Benoît eut accordé quelques moments à sa douleur et à ses regrets, il fit nettoyer le pont des débris de manœuvre et de charpente qui l'encombraient, amurer la misaine, et, profitant d'un vent bon frais, mit le cap au sud-est.

Comme on le pense bien, l'expression grandiose de Monsieur Benoît sembla disparaître avec le danger et la tempête ; — une fois la brise réglée, le navire en route… il redevint l'homme grossier, vulgaire, niais, mais honnête, faisant la traite avec autant de conscience et de probité qu'il est possible d'en mettre dans les affaires, et ne croyant pas agir plus mal que s'il eût vendu des bestiaux ou des denrées coloniales, ne pensant enfin qu'à s'amasser une fortune indépendante pour vivre tranquillement le reste de ses jours et assurer l'avenir de sa petite famille. Le digne père !

Il veilla toute la nuit et pensa même plus à Simon qu'à sa chère Catherine : Simon naviguait avec lui depuis si longtemps ! Simon connaissait ses habitudes, lui était dévoué, s'occupait des minutieux détails de l'emménagement des nègres à bord, avec une patience, une humanité qui charmaient le capitaine ; jamais les noirs ne manquaient de vivres, et, sauf le *déchet*, qu'on ne pouvait éviter, la cargaison arrivait toujours aux colonies, grâce à cette paternelle administration, arrivait, dis-je, toujours saine et bien portante. Simon était son factotum. A Nantes il menait promener Thomas ou allait au marché avec madame Benoît, un panier au bras ; enfin, Simon était pour le capitaine un être inappréciable, un ami véritable et dévoué.

Aussi, en attendant le jour, Monsieur

Benoît s'essuya-t-il plus d'une fois les yeux.

Il était encore plongé dans ses douloureux regrets, lorsque le matelot de vigie cria : « terre à bord. »

— « Déjà, » dit Benoît, en montant sur son banc de quart, « je ne me croyais pas si
« près des côtes, heureusement elles sont
« açores. Toi, timonnier, tiens cette mon-
« tagne ouverte d'un quart, avec ce
« bouquet de palmiers, jusqu'à ce que tu
« arrives à l'embouchure de la rivière
« Rouge.

—« Enfin nous y voilà, « dit le capitaine, « pourvu que le père *Van-Hop* ait de
« quoi me radouber et me regréer... Je
« ne parle pas du bois d'ébène,... c'est le
« plus fin courtier de la côte d'Afrique,
« et il connaît les bons endroits, le com-

« père... mais il va m'écorcher. Ah! si
« mon pauvre Simon était là au moins...
« mais non... plus jamais!.. Ah! mon
« Dieu, plus jamais!... comme c'est
« triste!... »

Et le bonhomme mouilla son troisième mouchoir à tabac, précieusement marqué, par sa chère Catherine, d'un C et d'un B.

CHAPITRE TROISIÈME.

> Borné dans sa nature, infini dans ses vœux
> L'homme est un dieu tombé qui se souvient des cieux,
> Soit que, déshérité de son antique gloire,
> De ses destins perdus il garde la mémoire,
> Soit que de ses désirs l'immense profondeur
> Lui présage de loin sa future grandeur.
>
> DE LAMARTINE. — Méditation II.

> Le commerce, ah ! Monsieur, le commerce! c'est le lien des nations, la fraternité de la grande famille, la providence du pauvre, la sécurité du riche, ah !... Monsieur, le commerce !!!
>
> WANDRYK, Essai d'économie politique pratique.

LE COURTIER.

Le soleil se levant pur, radieux, caressait la surface de l'Océan, comme pour le consoler de la tempête de la nuit, et le sourd murmure des vagues encore agitées par un reste de houle, ressemblait aux derniers grondements d'un chien qui s'apaise à la vue de son maître.

La *Catherine* entra dans la rivière *des Poissons*, située vers le sud de la côte occidentale d'Afrique, et, remorquée par sa chaloupe, commença de remonter le courant pour gagner une petite anse dessinée par un des contours du fleuve.

Ce fleuve coulait lentement au travers d'une majestueuse forêt, et ses eaux tranquilles reflétaient un ciel bleu, des arbres verts chargés d'oiseaux et fruits de toutes couleurs.

Ici le mimosa aux feuilles grêles et dentelées, l'ébénier avec ses élégantes girandoles jaunes, les sabris aux gousses rouges appuyées sur des abricotiers sauvages; là des saules courbés par le courant qui entraînait leur longue chevelure lisse et argentée, tandis que des lianes flexibles les entouraient d'un réseau de fleurs poupres.

Quelquefois un large et brusque rayon

de soleil, perçant ce sombre feuillage, l'illuminait en partie, de sorte qu'on pouvait voir la tête et le col orangé d'un *didrick* briller vivement éclairés, pendant qu'une ombre capricieuse, venant durement trancher ce coloris éclatant, voilait d'une terne demi-teinte le reste de son corps et les longues plumes blanches de sa queue.

Ainsi, lorsqu'un rapide jet de lumière pénétrant par une étroite entrée, traverse une salle obscure, on voit aussitôt tourbillonner au milieu de l'axe de ce rayon une foule d'atomes scintillants.

Ainsi tout ce qui, dans le bois, se trouvait inondé de cette nappe de clarté resplendissante, étincelait de mille feux; c'étaient des perroquets rouges agitant leurs ailes d'un noir velouté, des flamands roses, des colibris nuancés d'or et d'azur, et des cardinaux incarnats avec leur aigrette ondoyante et soyeuse.

Et puis le beau rayon s'arrêtait à la surface du fleuve, s'y réfléchissait, jouait un instant, sur des nénufars blancs, des campanules bleues, asiles parfumés et flottant d'une myriade d'insectes dont les corselets diaprés chatoyaient comme autant de rubis et d'émeraudes. Enfin il s'éteignait comme à regret, le beau rayon, en laissant sur la surface du fleuve une éblouissante auréole qui contrastait avec les ombres vertes et transparentes, projetées par l'épaisseur des arbres de la rive.

Quand le brick eut atteint l'endroit désigné pour son mouillage, un petit canot, monté par trois marins, remonta plus à l'est le courant du fleuve, et arriva bientôt à une partie du rivage qui paraissait mieux frayée. — « Sciez... sciez... « mes garçons, » cria Benoît en se levant du banc de l'arrière où il était assis, et donnant une légère impulsion à la barre il profita du reste de l'air de l'embarcation pour accoster.

— « Mouille un grapin, *Caiot,* » dit-il ensuite à un jeune quartier-maître, « et « si je ne suis pas revenu dans une heure, « retourne à bord et viens demain matin « me prendre ici. »

Puis, au moyen d'une planche jetée de la yole au rivage, Monsieur Benoît descendit à terre et se mit à suivre un sentier dont il paraissait connaître parfaitement les détours.

« Pourvu, » pensait le digne homme en s'éventant avec les vastes bords de son chapeau de paille, « pourvu que ce diable
« de *Van-Hop* soit encore à son habi-
« tation ; il doit pourtant savoir que c'est
« l'époque à laquelle je ne manque jamais
« de venir... quinze jours plus tôt ou plus
« tard... — C'est un drôle de corps que ce
« père *Van-Hop*, il vit là au milieu des
« bois comme s'il était chez lui ; il n'a rien
« changé de ses anciennes habitudes ; ça
« faisait tant, tant rire ce pauvre Simon...
« ah... enfin il faut se faire une raison... »

On entendit aboyer un chien.

— « Bon ! » dit Benoît, « je reconnais
« la voix du vieux César, l'ancien doit
« encore être dans sa cassine. »

Les aboiements du chien se rapprochèrent, et l'on distingua en outre une voix aigre et perçante, qui disait en grondant : « Ici, César, ici ; ne vas-tu pas « prendre un homme pour une pan- « thère ? »

Le sentier que suivait le capitaine de la *Catherine* faisait en cet endroit un coude assez brusque, aussi se trouva-t-il tout à coup devant une maison bâtie en pierre rougeâtre et recouverte d'un toit de brique ; de fortes grilles de fer protégeaient les fenêtres, et une large palissade semblait défendre l'entrée de cette demeure.

— « Eh bien, bon jour, bon jour, père « *Van-Hop*, » criait Benoît, en tendant amicalement la main au propriétaire de cet édifice; mais celui-ci ne bougea, et se recula au contraire d'un air maussade comme pour barrer sa porte.

Figurez-vous un petit homme sec, grêle, qui ressemblait à une fouine, mais propre, mais soigné, mais tiré, comme on dit, à quatre épingles; quand il ôta son chapeau de feutre, luisant de vétusté, on vit une petite perruque blonde minutieusement peignée : il portait une sorte de houppelande grise, à collet, un gilet chocolat à boutons de métal, et une culotte de velours foncé, enfin des bottes à revers, un peu poudreuses, du linge fort blanc, et de volumineux cachets en graines d'Amérique complétaient sa parure.

Il restait là sur le seuil de sa porte,

calme et sans crainte, je vous le jure ; seulement il tenait par contenance un excellent fusil à deux coups, avec lequel il badinait, tout en armant et faisant craquer la batterie.

Puis il siffla son chien qui s'était mis en arrêt sur maître Benoît.

— « Comment, dit ce dernier, com-
« ment, père *Van-Hop*, vous ne me recon-
« naissez pas ? mais c'est moi... c'est
« Benoît... votre ami Benoît... eh bigre...
« mettez donc vos lunettes... »

Ce que fit prudemment le vieillard ; après quoi il s'écria avec un accent hollandais fortement prononcé...

— « Eh ! c'est vous, compère Benoît...
« mais vous arrivez bien tôt... ce n'est pas
« un reproche au moins, au contraire,

« je suis enchanté de vous rendre mes
« devoirs... mais par quel hasard...

« — Un hasard... un hasard de nord-
« ouest, qui m'a démâté de mon grand
« mât, et qui m'a poussé chez vous comme
« si le diable eût soufflé dans ma voilure...

— « Désolé, mon cher capitaine, désolé;
« mais ne restez pas à vous rôtir au soleil,
« entrez donc, entrez donc, vous prendrez
« quelque chose, un pied d'éléphant... une
« tranche de bosse de bison... ou un filet
« de giraffe... Holà... holà.. *Cham, Stropp,*
« allons donc, paresseux, servez-nous. »

Et à ces cris, deux mulâtres qui dormaient sur une natte se levèrent lentement pour obéir à leur maître.

Après quelques façons cérémonieuses, telles que—après vous...—non, je suis chez moi...—je n'en ferai rien, etc., etc.—*Van-Hop* et Benoît entrèrent dans une maison parfaitement propre et tenue à l'européenne.

Les deux vieux amis s'étant placés devant une table de bois rouge soigneusement cirée et honnêtement garnie, la conversation s'engagea.

— « Vous dites donc, capitaine Benoît,
« que votre grand mât?...

— « Absent, père Van-Hop, absent; mais
« ce que je regrette plus que toute ma mâtu-
« re, c'est ce pauvre Simon, vous savez...

— « Eh bien... ce que vous appelez *ce*
« *pauvre Simon* est...

— « Mort à la mer... mort comme un
« brave marin, en sauvant le brick... Ah !.. »

Ici, le père Van-Hop articula une espèce d'exclamation sourde et caverneuse qu'on pourrait, je crois, formuler ainsi — *Peuh* — mais qui exprimait la plus entière indifférence ; c'était son habitude quand il avait entendu faire une question ou narrer un fait qui ne méritait, à son avis, ni intérêt ni réponse...

— « *Peuh,* » fit donc Van-Hop, « faute
« d'un homme le navire ne reste pas en
« panne... mais faute d'un grand mât,
« c'est différent... Aussi ne pouvant rem-
« placer votre Simon, je pourrais toujours,
« je le crois du moins, vous fournir un
« bon mât... voyons... un peu. »

Et il tira lentement d'un grand casier un volumineux registre qu'il feuilleta quelque temps, puis il posa son doigt décharné sur une des pages et continua.

— « Oui, j'ai votre affaire, mon brave

« capitaine, c'est le bas mât d'une cor-
« vette anglaise que le vent a jetée à la
« côte il y a quelque temps, je l'ai en ma-
« gasin... nous mettrons cela à mille
« francs... hein ? c'est donné...

— « Bigre ! donné... donné... mais vous
« avez donc un magasin maintenant.

« Peuh, » reprit Van-Hop en souriant
avec modestie, « quand je dis un ma-
« gasin... voyez-vous, je veux dire mon
« enclos, un coin, où j'ai mis ce que j'ai
« pu retirer de ces débris ; j'ai de l'ordre,
« vous le savez, et chez moi tout est casé
« et étiqueté, et puis j'ai pensé que quel-
« qu'une de mes pratiques pourrait en
« avoir besoin, il ne faut pas songer qu'à
« soi.

— « C'est délicat, et en outre, dans l'oc-
« casion, ça rapporte mille francs... au
« moins.

— « Peuh, » fit le courtier...

— « Mais dites-moi, père Van-Hop, une
« fois mon navire réparé, il me faut aussi
« un chargement. »

Alors les petits yeux fauves du vieillard brillèrent de plaisir, son nez pointu sembla s'agiter d'un mouvement de merveilleuse olfaction. Il fut encore chercher un autre registre coté T N, n⁰ 2, et après l'avoir parcouru un instant, il dit en souriant :

— « J'ai ce qu'il vous faut, capitaine ;
« mais je ne voulais pas vous l'assurer
« avant d'avoir consulté mon carnet, car
« j'ai aussi promis un chargement à
« Monsieur Drake, un capitaine anglais,

« qui doit m'arriver dans une quinzaine,
« et je tiens à remplir mes engagements
« avec tout le monde... Vous ne connais-
« sez pas M. Drake... capitaine ?

— « Non...

— « C'est un fort aimable garçon ;
« par exemple, il est roux, et il louche un
« peu, mais le cœur sur la main, un ga-
« lant homme, qui ne regarde pas à deux
« noirs de plus ou de moins ; il a de la
« fortune, et fait la traite en amateur...
« parce qu'après tout il faut bien s'occu-
« per à quelque chose...

— « Payer sa dette à son pays, » ajouta
Benoît ; « mais revenons à mon charge-
« ment.

— « Eh bien ! digne capitaine, ce char-
« gement est la meilleure, la plus favo-

« rable occasion du monde; depuis trois
« mois, les *grands et petits Namaquois* se
« font une guerre continue, et le roi des
« grands *Namaquois*, mon voisin, à qui j'ai
« parlé de vous, et qui désire avoir l'a-
« vantage de faire votre connaissance,
« capitaine, » dit Van-Hop en se levant de
sa chaise et saluant avec grâce.

— « Vous êtes trop honnête... à lui
« rendre mes devoirs, » répondit Benoît
qui savait vivre.

— « Le roi *Taroo* donc a une admirable
« partie de petits Namaquois de la *rivière*
« *Rouge*, dont il se défera au meilleur mar-
« ché possible; ce sont des nègres tous
« jeunes,... pas trop jeunes pourtant, de
« vingt à trente... des épaules... des poi-
« trails... il faut voir cela, et ensuite se

« nourrissant très bien, ce qui est rare,
« et puis très doux, très doux ; mon Dieu !
« on les mènerait avec un fouet à la-
« nières simples... de vrais agneaux...
« enfin c'est une affaire d'or... ça vous va,
« n'est-ce pas ?

— « Y aura-t-il une commission pour
« vous comme la dernière fois ?

« Peuh, » fit le courtier, « comme je
« vous attendais d'un moment à l'autre,
« j'ai été au *Kraal* (village) de *Taroo*, et je
« l'ai engagé, dans notre intérêt commun,
« à bien diriger ses prisonniers, à les
« bien soigner, à les entretenir le mieux
« possible ; et, vrai, j'ai été dernièrement
« les voir dans leurs parcs... ils sont ma-
« gnifiques, gras à lard, les compères ; par
« exemple j'ai engagé *Taroo* à les mettre

« aux bourgeons de calebasse, ça ra-
« fraîchit, et donne un beau lustre à la
« peau.

— « Les bourgeons de calebasse ne sont
« pas méprisables ; mais voyez-vous, père
« Van-Hop, de temps en temps deux ou
« trois figues de Barbarie et un grand
« verre d'eau fraîche, ça vaut peut-être
« encore mieux... mais il faut surtout ne
« pas oublier le grand verre d'eau après ;
« sans cela, ça échauffe horriblement ; et
« puis à terre, il n'est pas mal non plus de
« les faire suer, ça ôte la mauvaise
« graisse, comme dit le proverbe, *nègre*
« *gras ne va pas*.

— « Possible, capitaine, chacun tond
« son chien comme il l'entend, » reprit
Van-Hop d'un air piqué.

— « Oh! père Van-Hop... ce n'est pas
« que je veuille dire que votre recette est
« mauvaise; au contraire, vous vous y
« entendez... et très bien... vous êtes un
« malin...

— « *Peuh*, — que voulez-vous, capi-
« taine, le gouverneur du Cap m'a chassé
« pour une misère; obligé, par la sen-
« tence, de m'en éloigner de cinquante
« lieues, je me suis établi dans cette habi-
« tation que j'ai achetée d'un colon qui
« redoutait l'entourage; moi, au con-
« traire, au moyen de quelques cadeaux,
« je suis parfaitement avec les hordes
« voisines; elles n'ont aucun intérêt à me
« faire du mal, puisque je les aide à se dé-
« barrasser de leurs prisonniers, et après
« tout je rends service à tout ce monde-là;

« autrefois ils se mangeaient comme des
« bêtes féroces, et les *Namaquois* de la
« *rivière Rouge* font encore de ces plaisan-
« teries-là, parce qu'ils n'ont aucun moyen
« d'exportation.

— « Bien, » se dit Benoît *à parte*, « j'ai
« furieusement envie de rôder par là...
« C'est une terre promise, j'y aurai le bois
« d'ébène pour rien j'en suis sûr. »

Et il reprit haut : — « Comment ils se
« mangent ? brrrr... brrrr... ça fait
« frémir.

— « Je le crois bien ; aussi il faut voir
« comme les *grands Namaquois* se dé-
« fendent, se tuent même, plutôt que de
« se rendre à leurs ennemis.

— « Il faut pourtant espérer que les *petits-*
« *Namaquois* finiront par se civiliser, »

« observa judicieusement Benoît, par se
« vendre...

— « Parbleu ! au moins ça profite à
« quelqu'un.

— C'est ce que je me tue à leur expli-
« quer; en Europe, s'ils ne se vendaient
« pas on n'en achèterait pas... Sortez de
« là si vous pouvez.

— « Tenez, voyez-vous, capitaine, dans
« votre Europe, ils sont cent fois plus
« sauvages que les nègres... Ah ça... que
« m'apportez-vous en échange ?

— « Comme à l'ordinaire, des quincail-
« leries, des verroteries, de la poudre,
« des fusils, du plomb en saumon et du
« fer en barre.

— « Très bien ; alors, mon ami, nous
« nous nous occuperons d'abord de mettre

« votre brick en état; pendant ce temps-
« là, j'irai prévenir le roi Taroo d'amener
« ses noirs. Ah! çà, vous me restez à sou-
« per et à coucher. Demain, au point du
« jour, vous retournerez à votre bâtiment,
« et moi j'irai au Kraal... C'est convenu...
« vous le savez, je suis rond en affaire. »

Les deux négociants causèrent longue-
« ment, soupèrent bien, et furent se cou-
« cher un peu ivres.

CHAPITRE QUATRIÈME

Qu'ils sont doux, mais qu'ils sont rapides les moments que les frères et les sœurs passent dans leurs jeunes années, réunis sous l'aile de leurs vieux parents! La famille de l'homme n'est que d'un jour ; — le souffle de Dieu la disperse comme une fumée : à peine le fils connait-il le père, le frère la sœur. Le chêne voit germer ses glands autour de lui : il n'en est pas ainsi des enfants des hommes !

CHATEAUBRIANT. — *René.*

⁂

Foi de Dieu, compère, la génisse et le veau cinquante écus marqués ?

Non, cinquante-cinq...

— Cinquante.

— Cinquante-cinq.... c'est donné.

— Cinquante.....

— Allons, mettons-en cinquante-deux, compère, et rompons la paille... Nous demanderons ensuite une cruche de vin et une galette de blé noir.

— Tope,... compère,... ma croix en Dieu.

— Tope, compère, ma croix en Dieu. — Paille rompue, marché fait.

CONAM-HEC. — *Mœurs bretonnes.*

LA VENTE.

Deux jours après l'entrevue du capitaine Benoît et du respectable *Van-Hop*, la *Catherine* se balançait sur les eaux tranquilles de la *rivière aux Poissons;* et, grâce au bas mât de la corvette anglaise que le courant avait apporté jusqu'à la hauteur du brick, qui fut ainsi remâté au moyen de deux *bigues* dressés sur les gaillards, il était impossible de retrouver à bord la moindre trace des ravages de l'ouragan.

Les caillebottis et les panneaux avaient été enlevés, afin d'aérer et de sanifier la cale, pendant que l'équipage remplissait les barriques d'une eau pure et fraîche. On allait en consommer une si grande quantité !!!

Il était environ midi, et le capitaine Benoît, légèrement vêtu, s'occupait à remettre sa dunette en ordre, à poser une foule de clous dont la destination était d'avance invariablement fixée; puis il s'arrêtait pour considérer un instant le portrait de Catherine et de Thomas, et recommençait à ranger, frotter, étiqueter.

Malheureusement, le matelot de veille à l'avant du brick, vint l'arracher à ces touchantes et modestes occupations d'intérieur, pour lui annoncer qu'une pirogue accostait à babord.

C'était un des mulâtres de *Van-Hop*, qui saluant Benoît, lui dit :

— « Mon maître vous attend... capi-
« taine...

— « Enfin... il est donc arrivé le vieux
« serpent ! je n'y comptais plus.

— « Capitaine, il revient du *Kraal* au
« moment même avec beaucoup de noirs
« et le roi *Taroo* qui les escorte ; ils n'at-
« tendent que vous et les marchandises,
« capitaine.

— « *Caiot*, » dit Benoît à son quartier-maître, grand et beau garçon, qui remplaçait le pauvre Simon comme lieutenant du capitaine... « *Caiot*, fais armer la cha-
« loupe, mets-y neuf hommes, et embar-
« que à bord les caisses et ballots que tu
« trouveras dans les soutes.

— « On est paré, » dit *Caiot* au bout d'une demi-heure.

— « Ah ! ça, mon garçon, » reprit le capitaine, « je te laisse à bord ; fais toujours
« bien aérer l'entre-pont, préparer les
« barres de justice, les fers, les menottes ;
« que tout cela soit propre, convenable,
« décent ; enfin qu'ils se trouvent ici
« comme chez eux... ou à peu près.

— « *N'y a pas de soin*, capitaine, ça sera
« gréé à donner envie d'y fourrer les pieds
« et les mains ; je vais faire balayer le lit de
« ces *messieurs*, et il faudra qu'ils soient
« bien difficiles s'ils ne sont pas contents ;
« car les draps ne feront pas de plis, je
« vous jure.

— « C'est cela, mon garçon ; avant tout
« l'humanité, vois-tu, parce qu'enfin c

« sont des hommes comme nous, et une
« bonne action trouve tôt ou tard sa ré-
« compense... » ajouta Benoît de la meilleure foi du monde.

Quand les marchandises furent arrimées
à bord de la chaloupe, et que plusieurs
matelots s'y furent placés, M. Benoît descendit dans sa yole, et, devançant l'autre
embarcation, arriva bientôt près de M. Van-
Hop qui l'attendait à sa porte.

— « Allons donc, allons donc, capitaine;
« arrivez donc, flâneur.

— « C'est bien plutôt vous, père Van-
« Hop; deux jours... deux jours entiers...

— « Si vous croyez que les affaires vont
« vite avec ces gaillards-là, vous vous
« trompez; ils sont plus adroits qu'on ne

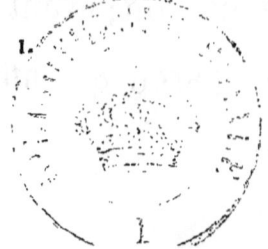

« le pense, diable ! mais enfin le roi Taroo
« est là dans ma case; vous allez le voir
« et vous entendre avec lui... mais vos
« marchandises ?

— « Ma chaloupe les apporte ; j'ai laissé
« un homme dans la yole pour montrer
« le chemin aux autres et les conduire ici.

— « Avec les marchandises ?

— « Sans doute... soyez tranquille...

— « Bien... très bien... Maintenant je
« vais vous présenter à Sa Majesté...

— « Dites-moi donc, compère, je ne
« suis guère en toilette pour me présenter
« devant Sa Majesté... j'ai une barbe de
« sapeur... et puis une veste...

— « Allez donc, allez donc... ne voulez-
« vous pas lui donner dans l'œil... vieux
« coquet? » dit plaisamment le courtier

en poussant Benoît dans l'intérieur de la maison.

Le roi Taroo, majestueusement assis sur la table (au grand déplaisir de Van-Hop), les jambes croisées comme un tailleur, fumait dans une grande pipe.

C'était un fort vilain nègre de quelque quarante ans, paré de son mieux, fièrement coiffé d'un vieux chapeau à trois cornes chargé de petites plaques de cuivre et portant pour tout vêtement une grande canne à pomme argentée et un lambeau de ceinture rouge qui lui ceignait à peine les reins.

Comme le courtier parlait fort agréablement namaquois, il servit d'interprète ; et, après une heure de vive et chaleureuse discussion, on convint de se fier aux lumières de Van-Hop, qui devait rédiger les bases du traité consenti de part et d'autre; il tira donc une écritoire de corne d'un secrétaire de noyer, tailla soigneusement une plume qu'il approcha vingt fois de ses yeux et qu'il imbiba d'encre, à la grande satisfaction de Benoît, dont la patience était à bout.

Puis il lut lentement ce qui suit à Benoît, après l'avoir préalablement traduit, au roi Taroo.

Sur l'habitation de l'Anse-aux-Prés, ce... etc.

Moi, Paul Van-Hop, agissant au nom de... Taroo, (nom de baptême en blanc), *chef du Kraal de Kanti-Opow, tribu des grands Namaquois, je vends au nom dudit Taroo, à M. Benoît....* (Claude-Borromée-Martial)*, capitaine du brick la* Catherine, *savoir :*

Trente-deux nègres, race de petits Namaquois, sains, vigoureux et bien constitués, de l'âge de vingt à trente ans, ci-contre. 32 *nègres.*

Item : *Dix-neuf négresses à peu près du même âge, dont deux pleines et une ayant un petit de quelques mois... que le vendeur donne noblement par-dessus le marché, ci-contre.* 19 *négresses.*

Item : *Onze négrillons et négrillonnes de neuf à douze ans, ci-contre.* 11 *négrillons.*

Total, 32 *nègres,* 19 *négresses,* 11 *négrillons.*

Et le courtier accentuait son addition comme s'il eût dit :

Total : 32 livres 19 sous 11 deniers.

Lesquels il livre audit Benoît (Claude-Borromée-Martial), moyennant :

Ici le courtier fut interrompu...

— « Mon bon Van-Hop, dit le capitaine
« ajoutez : et à dame *Catherine Brigitte*
« *Loupo*, son épouse, comme étant en
« communauté de biens, meubles et im-
« meubles...

— « Ce n'est pas la peine... Monsieur
« Benoît.

— « Si fait, car je dois bien ça... à ma
« pauvre épouse...

— « Comme vous voudrez... »

Le chef Taroo, s'étant fait expliquer par Van-Hop le sujet de la discussion, et n'y comprenant rien du tout, but deux verres de rhum.

Le courtier continua après avoir accédé au désir de Benoît, et mentionna dame Catherine-Brigitte Loupot; il reprit:

Moyennant:

Vingt-trois fusils complets, garnis de leur baguette; batterie et baïonnettes;

— *Cinq quintaux de poudre à tirer;*

— *Vingt quintaux de fer en barre;*

— *Quinze quintaux de plomb en saumon,*

Et six caisses de verroteries, colliers, bracelets en cuivre et en fil de laiton, qu'il s'oblige à remettre à moi, Van-Hop (Paul), agissant au nom et place du chef Taroo.

Item *Pour mes frais de commission, déplacement, etc., le dit Benoît s'engage à me remettre, dans les vingt-quatre heures, la somme de mille livres en argent monnayé et ayant cours, sans préjudice du marché fait, pour lui avoir fourni les matériaux nécessaires pour radouber et remâter son brick.*

Fait double entre nous, etc. [*].

Ceci lu et entendu, le Chef Taroo agita la tête, et levant un bras en signe d'acquiescement, pinça le nez de l'époux de Catherine, qui répondit à cette royale faveur par un salut fort courtois.

— « Voici la plume, capitaine, dit Van Hop, maintenant signez.

— « Tout cela est bel et bon, mais
« avant de signer, je voudrais voir nos
« *messieurs* et nos *madames.*

— « Rien de plus juste, capitaine, je ne
« suis pas de ces gens qui, comme on dit,
« conseillent d'acheter chat en poche...
« venez par ici... vous les examinerez
« tout à votre aise. »

---

[*] Tout ce traité est historique et existe en double au greffe du tribunal de Saint-Pierre (Martinique), comme pièce appui d'un procès fait à un nègre.

Ils s'approchèrent alors de l'enclos où l'on avait provisoirement renfermé les noirs.

Hommes, femmes, enfants, étaient étendus à terre, les mains liées derrière le dos par une corde qui, leur entourant aussi les pieds de nœuds assez lâches pour qu'ils puissent marcher, remontait encore faire le tour du col et se rattachait enfin au gros palmier qu'on leur faisait porter en route sur les épaules, par mesure de prudence.

Benoît examina ces noirs en fin connaisseur.

Il leur fit craquer leurs articulations pour juger de la souplesse des membres, puis ouvrir la bouche afin de voir l'état des dents, du palais et des gencives;

Élever et abaisser les paupières dans le but de s'assurer si le globe de l'œil était pur et limpide ;

Regarda la plante de leurs pieds pour être certain qu'il n'y ayait aucune trace de *chiques* ou insectes malfaisants qui déposent leurs œufs sous l'épiderme, et causent ainsi de violentes maladies... quelquefois le tétanos... par exemple ;

Leur frappa doucement le sternum et écouta si la poitrine résonnait *bon creux ;*

Leur mit le genou sur l'estomac, sans appuyer trop fort... (oh! non certes, le cher homme!) mais seulement pour juger si, malgré cette pression, la respiration s'échappait facile et sonore...

Enfin il s'occupa encore longtemps

d'apprécier ou de découvrir une foule de défauts ou de qualités qu'il nous est impossible d'énumérer ici.

Pendant ce long et consciencieux examen, que nous venons de décrire en partie, Benoît avait quelquefois souri d'un air de satisfaction : deux fois même, à la vue d'une belle et forte nature d'homme, il allongea ses lèvres en faisant entendre un léger sifflement admiratif; d'autres fois, au contraire, ses sourcils s'étaient contractés, et un énergique hum, hum, ou une forte inclinaison de la tête sur la clavicule gauche avaient témoigné de son mécontentement.

Pourtant, après quelques réflexions, employées sans doute à supporter les chances probables de son marché, il dit à Van-

Hop : — « J'accepte, compère, et vous
« faites une affaire d'or...

— « Peuh... mais, capitaine, avant de
« partir, examinez donc un peu, je vous
« prie, ce gaillard que le chef *Taroo* m'a
« donné pour épingles. C'est un des plus
« beaux nègres que j'aie vendus de ma vie ;
« voyez, c'est fort comme un bison, grand
« comme une giraffe ; mais, par exemple,
« il est si têtu, si têtu, qu'après l'avoir
« roué de coups, pour l'engager à se ser-
« vir de ses jambes, le roi Taroo a été
« réduit à le faire apporter ici comme
« un jeune taureau récalcitrant, tenez...
« plutôt... »

Et il lui montrait un nègre qu'on pouvait juger d'une haute et puissante stature
quoiqu'il fût courbé en deux, ayant les

pieds et les mains joints et attachés ensemble.

— « C'est, je crois, continua Van-Hop,
« le chef du Kraal ennemi, un petit Na-
« maquois ; il s'entête, mais quinze jours
« de régime du bord et des colonies, il
« deviendra doux comme une gazelle. »

Taroo, qui les avait suivis, après s'être ingéré de glorieuses rasades d'eau-de-vie, s'approcha, et la vue de son ennemi rallumant sans doute sa colère et sa haine, il se mit à injurier et menacer bien grossièrement le petit Namaquois, mais celui-ci fermait les yeux avec une dignité stoïque, et ne répondait à ces invectives que par un chant triste et doux.

Ce sang-froid irrita fort le chef Taroo, qui lança une pierre au malheureux noir, mais comme elle ne l'atteignit pas, il allait sans doute recommencer, lorsque Van-Hop le prit par le bras et lui dit, en bon namaquois :

— « Doucement, doucement, grand
« chef, ce prisonnier est à moi mainte-
« nant, et vous allez me le détériorer...
« ne confondons pas, s'il vous plait. »

Taroo continua ses cris et ses menaces ; ces mots surtout : Atar-Gull, revenaient sans cesse au milieu de ses hurlements sauvages.

— « Que diable chante-t-il là ? deman-
« da Benoît.

— « C'est son nom... il s'appelle à ce
« qu'il paraît Atar-Gull.

— Drôle de nom, le premier petit chat
« qui naîtra de *Moumouth*, c'est le chat

« angora de ma femme, père Van-Hop...
« je l'appellerai... comment dites-vous ?

— « Atar-Gull... Dites comme moi...
« tenez : Atar...

— « Atar...

— « Bien, très bien ;... Atar... Gull.

— « Atar... Gull... Atar-Gull...

— Parfait...

— « Je le dirai comme ça jusqu'à demain : Atar-Gull; Atar-Gull, c'est égal,
« c'est un bien drôle de nom... Ah ça,
« combien voulez-vous du compère ?...

— « Voyons, pour vous, et à cause de
« votre épouse, mettons cent piastres.

— « Cent piastres !... et moi que gagnerais-je donc ? Mon Dieu... cent piastres...
« cent piastres !

— « Vous le vendrez trois cents à la

« Jamaïque... Tenez, comme c'est bâti !
« quelles épaules ! quels bras ! il est un
« peu maigre, mais quand il aura re-
« pris.... Vous verrez... d'abord je vous
« jure qu'il a du fond...

— « Quatre-vingts piastres, et c'est une
« affaire arrangée, père Van-Hop, et
« vraiment c'est une folie ; mais tenez,
« pour le dire entre nous, j'emploierai
« mon gain à acheter des marabouts et
« un cachemire que je destine à madame
« Benoît, et puis à faire construire un
« petit canot pour Thomas, qui est fou de
« marine.

— « Allons... Ah !.. vous faites de moi
« tout ce que vous voulez, mais vous êtes
« si bon mari, si bon père... qu'on ne
« peut rien vous refuser... va pour quatre-

« vingts gourdes....... C'est donné. »

Enfin l'affaire conclue, les marchandises livrées à Van-Hop, car Taroo, à force de goûter le rhum, était tombé ivre mort ; les nègres rafraîchis, Benoît obtint que l'escorte du chef de Kraal se joindrait à ses huit matelots pour conduire par terre les nègres vendus jusqu'au mouillage de la *Catherine* ; là ils devaient être embarqués ou hissés à bord, selon la bonne volonté ou la résistance de chacun.

Quant à *Atar-Gull,* un fin *serpent*, comme avait dit le chef *Taroo*, Benoît le fit porter à bord de la chaloupe, et le recommanda particulièrement à la surveillance du patron.

Toutes ces petites dispositions prises, l'argent compté, les échanges faits, Benoît et Van-Hop n'avaient plus qu'à se séparer, jusqu'à la première traite, d'autant plus que le capitaine voulait profiter de la marée et d'une bonne brise d'est ; or, suivant ce sage axiome, *que le vent n'attend personne*, il tendit cordialement la main au courtier :

— « Allons, père Van-Hop... au revoir.

— « Et Dieu fasse que ce soit bientôt,
« digne capitaine.

— « Encore une poignée de main ; c'est
« plaisir que de traiter avec vous, père
« Van-Hop.

— « Ce bon capitaine, ça me fend le
« cœur de vous voir partir ; mais tenez,
« encore deux ou trois ans de séjour sur
« la côte, et après vous m'emmenerez
« avec vous en Europe...

—« Bien vrai... ce sera une fameuse
« partie, nous rirons, allez... mais je ba-
« varde, et je devrais déjà être à mon
« bord... Adieu, adieu, mon vieux... »

Et ils s'embrassèrent à s'étouffer, c'était
à arracher des larmes, à attendrir un
cœur de roche.

—« Tenez, père Van-Hop, avec ces
« bêtises-là vous me feriez pleurer com-
« me un veau... Adieu, » dit brusquement
Benoît, et d'un saut il fut dans sa yole qui
descendit le courant du fleuve avec rapidité.

—« Encore adieu, digne capitaine, »
criait Van-Hop, en le saluant de la main ;
« bien des choses à madame Benoît, bon
« voyage...

—Au revoir, compère, » répondait

Benoît, qui de son côté agita son chapeau de paille tant qu'il put apercevoir le courtier sur le rivage.

Deux heures après tous les noirs étaient dûment embarqués, arrimés, encaqués dans le faux pont de la *Catherine*, les nègres à babord et les négresses à tribord ; quant aux négrillons, on les laissa libres.

Atar-Gull fut séparément mis aux fers.

Il est inutile de dire que pendant toutes ces manœuvres, les noirs s'étaient laissé prendre, mener, hisser et enchaîner à bord avec une insensibilité stupide : ne pensant pas qu'on pût avoir d'autre but que celui de les dévorer, ils mettaient, selon la coutume, tout leur courage à rester impassibles.

Avant de lever l'ancre, Monsieur Benoît fit faire une bonne distribution de morue, de biscuit, et d'eau un peu mêlée de rhum.

Mais presqu'aucun nègre n'y voulut toucher, ce qui n'étonna pas le digne capitaine, car les noirs, on le sait, restent ordinairement les cinq ou six premiers jours du voyage à peu près sans manger ; aussi c'est alors que le *déchet* est le plus à craindre ; ce moment passé, sauf quelques fâcheux résultats de la chaleur et de l'humidité, la proportion des pertes est fort minime.

Enfin il mit à la voile par un joli vent frais de sud-est, vers les trois heures du soir, et à six heures... au coucher du

LIVRE DEUXIÈME.

CHAPITRE PREMIER.

> Si mon songe de bonheur fut vif, il fut de courte durée.
>
> CHATEAUBRIAND. — *Atala.*

> — Vous voulez être riche ?
> Elle l'était, la coquine, deux fois plus qu'elle ne le méritait.
> — Et vous le serez : puisque c'est l'or que vous aimez, il faut aller vous chercher de l'or.
>
> DIDEROT. — *Ceci n'est pas un conte.*
> — Vol. VII.

L'INCONNUE

Dors, va, dors en paix, brave capitaine ; allonge tes membres engourdis sur la toile fine et blanche tissée par ta Catherine. La vois-tu assise au coin d'un feu pétillant, dans les longues soirées d'hiver, l'œil fixe, humide ; elle quitte quelquefois le travail pour attacher un long regard sur ton portrait, tout en jouant avec l'épaisse et rude chevelure de *Thomas*, pendant que *Mou-*

mouth, grave et silencieux, lèche et polit sa fourrure soyeuse et bigarrée.

Alors elle calcule sans doute avec angoisse le terme de ton voyage, la vertueuse épouse ! C'est qu'aussi tu l'aimes tant, ta digne femme ! pour elle, tu braves des dangers sans nombre ; pour elle, capitaine Benoît, tu te voues corps et âme à un métier atroce, tu passes pour un brigand, pour un ignoble vendeur de chair humaine, toi... toi, dont l'âme est si naïve et si pure ! Tu devras rendre, il est vrai, un bien effrayant compte devant Dieu !.. mais tu auras au moins procuré à Catherine une douce et paresseuse existence. Tu seras tout consolé, brave homme, et tu grimaceras encore ton honnête sourire au milieu des flammes de Lucifer, en voyant peut-être Catherine, assise dans le ciel, pêle-mêle avec les blonds chérubins aux ailes de moire et d'azur.

Comment aussi le retour d'un pareil mari ne ferait-il pas époque dans une famille ?

Je ne saurais pourtant vous dire au juste si Catherine espère ou redoute ce bienheureux retour... peut-être le sait-il... ce grand canonnier de marine étendu complaisamment dans le fauteuil unique de M. Benoît, coiffé de la *gorra* de M. Benoît, fumant enfin, dans la meilleure pipe de M. Benoît, du tabac de M. Benoît ; alors que Thomas et Moumouth regardent par moments cet intrus d'un air craintif et colère.

Eh ! mais j'y pense ; si, pendant que le brave capitaine trafique avec le père Van-

Hop, affronte les tempêtes... Catherine....
le ?...

Bah... bah... dors, va ; dors, Claude ; dors, Martial ; dors, Borommée ; rêve, rêve le bonheur et la fidélité de ta femme... Un songe heureux, vois-tu, frère, c'est encore ce qu'il y a de plus positif dans notre tant joyeuse existence... dors, la brise fraîchit, ton autre Catherine est en route (et elle est doublée et chevillée en cuivre, celle-ci !..)

Bonne ! bonne *Catherine,* elle n'est pas coquette non plus celle-ci. Oh ! mon Dieu, tous les ans, une pauvre couche de goudron, quelques voiles neuves, un coup de peigne dans son grément, et la voilà pimpante et proprette, toujours douce, soumise, obéissante... Ah ! digne Benoît, c'est à celle-ci que tu devrais borner tes amours...

Au lieu de ton gros Thomas, tu te serais donné un joli petit sloop, vif, léger, hardi, qui eût voltigé autour de ton brick comme un jeune Alcyon autour de sa mère.

Cette Catherine-ci aurait reçu dix, vingt, trente canonniers... que tu n'en eusses pas été jaloux.... Certainement non, au contraire, comme vont le prouver les événements.

Enfin, dors toujours... le soleil va se lever pur et radieux, si j'en crois cette légère vapeur et cette teinte de pourpre qui lutte à l'orient contre les dernières ombres de la nuit, et fait pâlir les étoiles.

Dors, capitaine; ton second, ton autre Simon, ton fidèle *Caiot* veille pour toi, veille pour tous...

Depuis quelques instants, lui et sa longue-vue, incessamment braqués vers le sud-est, observaient dans cette direction avec une infatigable curiosité.

— « Je donnerais mon quart de vin pen-
« dant huit jours, » se disait Caiot, pour
« que le soleil fût haut... Par tous les saints
« du calendrier, il me semble pourtant
« voir quelque chose... non... si... diable
« de brume... une fois le soleil levé, je se-
« rais sûr... allons encore... ah ! voici en-
« fin une clarté de crépuscule ; gueux de
« fanal, sors donc... sors donc... ah ! enfin
« le voilà... est-il rouge ce matin !... mais
« oui... oui... je distingue parfaitement...
« c'est une goëlette tout au plus à un mille
« de nous... ah çà... mais... je n'ai jamais
« vu de voilure comme la sienne... quelles
« basses voiles.... quels huniers ! quelle

« mâture penchée sur l'arrière !........

Et en énumérant ces singulières qualités, la figure de Caiot prenait peu à peu une expression d'étonnement nuancée d'une légère teinte de frayeur.

« Mais, » reprit-il en braquant de nouveau sa lunette, « elle a l'air d'avoir le
« même cap que nous ? on dirait qu'elle
« navigue dans nos eaux, *n'y a pas de soin ;*
« mais il faut toujours prévenir le capi-
« taine. »

D'un bond, Caiot fut à la porte de la dunette ; et, après sept minutes d'un bruit à réveiller un chanoine, la porte s'ouvrit lentement, et M. Benoît apparut sur le pont, tout étonné, débraillé, ébouriffé, se tordant les bras, se frottant les yeux encore lourds de son bon gros sommeil, et entremêlant cette expressive pantomime de oh !... de brrrr... de ah !.... il fait frais.... brrrr... etc.

— « Bigre de Caiot, » dit enfin le capitaine qui commençait à avoir des idées claires et lucides.

Or, je ne suis pas superstitieux ; mais il me semble peu convenable de saluer le soleil par un quasi juron, par « bigre de « Caiot, » car je me rappelle toujours en tremblant le sort de ce pauvre Simon (que les flammes de l'enfer ne lui soient pas trop ardentes !)

— « Bigre de Caiot, » fit donc le capitaine, « je dormais bien.... Enfin, que me « viens-tu chanter ?

— « Je crains que ce ne soit une drôle de

« ronde..... capitaine ; c'est une goëlette
« qui paraît vouloir...

— « Ah ! mon Dieu.... une goëlette....
« c'est peut-être celle que nous deux ce
« pauvre Simon nous avions déjà signalée !

— « C'est possible, capitaine ; voicila
« longue-vue...

— « Donne... donne, mon garçon... ah !
« mais... oui... bigre... c'est bien cela ; et
« tu dis qu'elle a l'air de nous suivre ?

— « Voyez plutôt, capitaine.

— « Ça ne dit rien, on peut faire la même
« route sans pour cela suivre les gens
« comme des voleurs à la piste.

— « Si vous m'en croyez, capitaine,
« nous laisserons porter un quart de plus,
« nous virerons de bord s'il le faut ; et si
« elle imite en tout notre manœuvre, nous

« serons bien sûrs alors qu'elle veut nous
« appuyer une chasse. Hein ?

— « Pourquoi faire ? nous chasser ! ce
« n'est pas un bâtiment de guerre préposé
« pour empêcher la traite, c'est tenu
« comme une piguière ; si c'est un pirate,
« il doit bien voir à notre air d'où nous ve-
« nons, et qu'il n'y a rien à faire ici pour
« lui...

— « Dam, capitaine... voyez... mais elle
« approche... elle nous gagne... c'est celle-
« là qui a des jambes... bon, voilà qu'elle
« grée ses kakatoës... et toujours le cap sur
« nous ; c'est là que je reconnais l'entête-
« ment, » dit Caiot en agitant son index.

— « Écoute, garçon, fais venir un peu
« au vent, après laisse arriver ; virons en-
« fin de bord... et si elle nous suit toujours,

« nous lui demanderons ce qu'elle nous
« veut, n'est-ce pas... c'est plus franc... »

D'après cette décision, la *Catherine* se mit à louvoyer.

— Vous vous êtes quelquefois trouvé la nuit, par un ciel voilé, dans une de ces longues rues de Cordoue si sombres et si étroites, errant avec insouciance et entendant sans l'écouter le bruit encore cadencé de vos pas, qui retentissait sur les larges dalles des trottoirs.

Abîmé dans une douce et amoureuse pensée, vous marchiez toujours; mais votre imagination s'égarait ailleurs, soulevait peut-être cette jalousie verte, ces lourds rideaux de soie...... que sais-je, moi?

Lorsque un autre bruit de pas qui semblait être l'écho de votre marche, écho d'abord lointain, puis plus proche, puis enfin tout près de vous, appelait votre attention, et vous tirait d'une ravissante rêverie, sans doute.

Alors, redressant la tête, élevant votre cape sur vos yeux, et cherchant dans votre poche la crosse mignone et ciselée d'un pistolet, chef-d'œuvre d'Ortiz père, doyen des armuriers de Tolède, vous ralentissiez fièrement le pas...

—On ralentissait le pas derrière vous.

— Vous le doubliez...

— On le doublait.

— Vous quittiez le trottoir gauche...

—On quittait le trottoir gauche.

—Vous alliez à droite...

— On allait à droite.

— Vous reveniez à gauche...

— On revenait à gauche.

Las enfin, et prenant le milieu de la rue ; car, en Espagne, les entrées de porte sont dangereuses. — Vous vous retourniez bravement en disant au fâcheux : — Seigneur cavalier, que veut votre grâce ?

Et sa grâce pouvait voir luire dans l'ombre le canon damasquiné du chef-d'œuvre d'Ortiz père.

— Alors ici le drame se simplifiait ou se compliquait singulièrement.

Eh bien ! la *Catherine* avait exactement agi sur l'Océan comme vous aviez agi dans la rue de Cordoue ; elle avait louvoyé, — viré, — tourné ; — la damnée goëlette avait louvoyé, — viré, tourné.

Or le capitaine Benoît, ne conservant

plus aucun doute sur les intentions de ce navire, n'imita pas votre impertinente fanfaronnade; d'abord, parce qu'il n'avait pas de canons à bord, et qu'il s'était aperçu, dans les différentes manœuvres exécutées par la goëlette, qu'elle avait des canons et beaucoup.

Et puis l'âge et l'expérience avaient mûri cette vieille tête grise; aussi ordonna-t-il simplement à Caiot de mettre dehors toutes les voiles du brick, et de tâcher d'échapper par la fuite à cet infernal curieux.

C'était, vous voyez, un moyen que vous pouviez encore employer pour dénouer le drame de la rue de Cordoue.

Le brick marchait comme un poisson; mais la goëlette volait comme un oiseau, et on voyait même qu'elle ne déployait pas encore toutes ses ressources, se contentant d'observer toujours une honnête distance entre elle et le brick.

Celui-ci se couvrit de toile ; elle, sans efforts, avec calme, sans paraître augmenter sa voilure... doubla sa vitesse, et se maintint toujours à la même portée.

— « C'est infernal » disait Benoît qui, ne comprenant rien à cette manœuvre, voyait l'immense supériorité de la goëlette sur son brick..... « Puisqu'elle marche mieux
« que moi, pourquoi ne pas profiter de
« son avantage, et me dire tout de suite ce
« qu'elle veut... au lieu de s'amuser avec
« *Catherine* comme un chat avec une sou-
« ris. »

Il ne croyait pas dire si juste, le pauvre homme.

— « Capitaine... tenez... tenez, la voilà « qui ouvre la bouche, » dit Caiot en voyant l'éclair qui précède un coup de canon.... « *n'y a pas de soin,* » dit-il en levant la tête au long sifflement qui cria dans les cordages :

— « C'est à boulet !

— Ah ça, mais est-elle bête ? » dit Benoît, rouge de colère. Qu'est-ce que ces « bigres de sauvages-là ? et pas un canon « à mon bord... » hurlait le capitaine en se rongeant les pouces ; « aussi a-t-on ja« mais vu un négrier attaqué par un pirate, « car ça ne peut être que ça... »

Un second éclair brilla, et ce ne fut point un sifflement, mais bien un bruit sourd et mat que l'on entendit ; c'était un boulet qui se logeait dans la préceinte.

— « Ah ! bigre... bigre... bigre de goë-
« lette..... elle va me couler comme une
« outre...

— « Capitaine, » fit Caiot, pâle et blême comme tout l'équipage que ces salves réitérées avaient attiré sur le pont, et qui devisait fort agité sur tout ceci, « capitaine,
« elle veut peut-être vous prier de mettre
« en panne ?

— « J'y pensais ; mais c'est bien dur. Al-
« lons, allons, brassez tribord, la barre
« sous le vent. »

L'effet des voiles se neutralisant, le brick resta immobile ; alors aussi le feu cessa à bord de la goëlette qui s'approcha tout près de la *Catherine*, et on entendit ces mots s'échapper de l'orifice d'un large porte-voix :

— *Ohé! du brick, envoyez une embarcation à bord avec le capitaine dedans.*

— « *Avec le capitaine dedans!* » répéta ironiquement Benoît; « plus souvent que
« j'irai... est-ce qu'il se fiche de moi?
« sans pavillon, sans signe de reconnais-
« sance, avec sa tournure de flibustier?
« ah! oui... pas mal... Pauvre Catherine,
« va... si tu savais que dans ce mo-
« ment... »

Le monologue de Benoît fut interrompu par le porte-voix de la goëlette, qui répéta, avec le même accent, la même mesure :

— *Ohé! du brick, envoyez une embarcation à bord avec le capitaine dedans.*

Et puis aussi on vit briller un boute-feu sur les passe-avants de l'inconnue.

— « Bigre de scie... je t'entends bien, » dit Benoît ; et, tâchant d'éluder la question, il répondit à son tour avec volubilité :

— « Ohé ! de la goëlette, d'où venez-
« vous ?

— « Que voulez-vous du capitaine ?

— « Pourquoi ne hissez-vous pas votre
« pavillon ?

— « De quelle nation êtes-vous ?

— « Je ne vous connais pas.

— « Je suis Français.

— « Je vais de Nantes à la Jamaïque.

— Je n'ai rencontré aucun navire. »

Le porte-voix de la goëlette, dont on voyait toujours la large gueule, laissa déborder ce flux de paroles et de questions; et, après un moment de silence, la grosse voix répéta avec le même accent, avec la même mesure :

— *Ohé! du brick, envoyez une embarcation à bord avec le capitaine dedans.*

Et un coup de canon, qui ne blessa personne, partit avec le dernier mot de la phrase, en manière de péroraison.

— « Le chien, est-il taquin ! » dit Benoît. « Allons, il faut y mordre. Oh! mon
« pauvre Simon, Simon, où es-tu?... La
« yole à la mer, Caiot, et quatre hommes
« pour y nager.

— « Capitaine, » dit Caiot, « défiez-
« vous ; ça m'a l'air d'un flibustier.

— « Que diable veux-tu qu'il me

« prenne ; il a peut-être besoin d'eau ou
« de vivres...

— « C'est encore possible... le canot
« est paré, capitaine... »

Et le malheureux Benoît y descendit à peine vêtu, sans armes, sans chapeau... au moment où le maudit porte-voix répétait encore, avec le même accent, avec la même mesure :

— Ohé ! du brick, envoyez une embarcation à bord avec le capitaine dedans.

— « *Le capitaine dedans... le capitaine*
« *dedans...* Il y est, bigre d'animal, *dedans..*
« On y va... un instant donc ! » grommelait Benoît comme un domestique récalcitrant qui répond à la vibrante et infatigable sonnette d'un maître asthmatique et goutteux.

— « Allons toujours donner la pâtée
« aux moricauds, » dit Caiot, « car ils
« crient comme des chacals. »

CHAPITRE DEUXIÈME.

> Hélas ! chaque heure dans la société ouvre un tombeau, et fait couler une larme.
>
> CHATEAUBRIAND. — *René*.

> ..... Cette scène avait quelque chose d'étrange, qui étonnerait l'âme la plus assurée.
>
> CHARLES NODIER. — *Roi de Bohême*.

> C'est une étrange sensation que produit sur l'oreille le bruit qu'on fait en armant un pistolet, quand vous savez que le moment d'après votre sein va être visé à douze toises de distance ou à-peu près ; — cent, n'est-ce pas une distance honorable?
>
> BYRON. — *Don Juan*, ch. IV, XLI.

LA HYÈNE.

Plus Benoît approchait de la goëlette, plus il concevait de défiance et de soupçons, surtout lorsqu'arrivé tout près, il put distinguer les étranges compagnons qui, appuyés sur les bastingages, suivaient curieusement les manœuvres de son petit canot.

Ce fut aussi avec un imperceptible battement de cœur que le capitaine de *la Catherine* remarqua deux petits nuages d'une fumée bleuâtre qui, tourbillonnant au-dessus des caronades, attestaient des dispositions encore hostiles de ce singulier navire.

Enfin, Claude-Borromée-Martial accosta la goëlette.

(Ce fut, je crois, un vendredi du mois de juillet 18... à sept heures vingt-neuf minutes du matin.)

Au moment où Benoît se disposait à monter à bord, un coup de sifflet aigu, modulé, retentit fortement; cette marque de déférence qui, dans la civilité nautique, signale toujours l'arrivée d'un personnage de distinction, rassura un peu notre bon capitaine.

— « Ils ne sont pas encore si sauvages
« qu'ils en ont l'air, » dit-il en se hissant

au moyen de tire-veilles qu'on lui avait jetées avec galanterie.

Il arriva sur le pont de *la Hyène* (la goëlette s'appelait la *Hyène*).

Là, ma foi, n'eût été la grâce toute courtoise avec laquelle on avait sifflé pendant qu'il grimpait à bord, là, Benoît eût senti une bien poignante inquiétude, croyez-moi. Car il put considérer à loisir ce hideux équipage.

Quelles figures, bon Dieu !

Certes, l'équipage de *la Catherine* n'était pas tout composé de timides adolescents qui venaient de se séparer pour la première fois d'une bonne vieille mère, en emportant sa sainte bénédiction, qui s'essuyaient les yeux au seul souvenir de ses cheveux blancs, si vénérables, qu'ils baisaient chaque matin avec respect et joie en disant : — Bonjour, mère !

Avant le départ, tous n'avaient pas été murmurer une humble prière à la bonne Vierge qui protège les pauvres marins, et puis offrir naïvement sur son autel une modeste couronne de paquerettes des bois.

Et lorsque le soleil, disparaissant le soir sous un immense dais de pourpre et d'or, semblait changer la mer en un océan de feu, et inondait encore le brick d'une clarté flamboyante, certes, bien peu allaient d'habitude se prosterner sur le pont et unir leurs voix reconnaissantes en un religieux cantique, dont les touchantes paroles se mêlaient aux majestueuses et sublimes harmonies de la nature.

Ce n'étaient pas non plus de chastes et

d'honnêtes pensées qui venaient sourire à leur ardente imagination, et dont ils se berçaient le soir en s'endormant balancés dans un hamac.

Certes, ils n'avaient pas de ces visages frais, roses et candides, de ces fronts blancs et purs qui se colorent d'une si voluptueuse rougeur au premier regard d'une femme ; ils ne soulevaient pas timidement de ces beaux yeux voilés de longs cils de soie, de ces yeux qui disent à seize ans, avec une mélancolie si douce :
—Oh !... comme j'aimerais une femme qui voudrait de moi... mais, mon Dieu, quelle femme voudra de moi ?...

—Vous, peut-être, madame ?—Pauvre enfant ! s'il le savait !

Revenons aux marins de Benoît, non

certes, ils n'étaient pas ainsi ; je l'avouerai même, ils se montraient un peu blasphémateurs, — un peu buveurs, — un peu querelleurs, — un peu tueurs, — un peu joueurs, — un peu voleurs, — un peu adonnés aux négresses, aux Espagnoles, aux Indiennes, aux Japonaises, aux Américaines, aux Haïtiennes, même aux Namaquoises, grandes ou petites, cela dépendait de la route qu'ils suivaient.

Mais, grand Dieu ! quelle différence avec l'équipage de *la Hyène*, quels hommes ! ou plutôt quels démons !

Laids, sales, déchirés, couverts de méchants haillons, noirs de poudre et de fange, basanés, cuivrés, bronzés, cicatrisés ; les cheveux et la barbe longs, malpropres, les yeux farouches et creux, les ongles crochus, et des jurements! des plaisanteries! ah!

C'était à donner la chair de poule à l'honnête Benoît, qui, après tout, faisait, si vous voulez, un petit trafic que quelques personnes réprouvent, mais au moins le faisait-il honnêtement, en conscience, et, après tout, comme il le disait avec beaucoup de justesse d'esprit : — Pour soutenir les colonies; car, sans colonies, adieu sucre, adieu café, adieu indigo, etc.

Ces réflexions, je vous le dis, vinrent en foule assaillir le capitaine Benoît, lorsqu'il fut sur le pont de *la Hyène*.

Et ce pont avait aussi, comme tous ces atroces visages, une expression, une physionomie particulière.

C'étaient des manœuvres mêlées et confondues, des armes jetées çà et là, pour qu'on pût les trouver toujours prêtes ; un plancher humide et boueux, couvert, en quelques endroits, de larges taches d'un rouge noir, des canons en état de faire feu, mais remplis de crasse et de rouille ; puis, sur quelques affûts, encore des traces de ce même rouge noir, mêlées de certains débris membraneux séchés et racornis au soleil, que Benoît reconnut en frissonnant pour être des restes de lambeaux de chair humaine !

Oh ! c'est alors qu'il regretta le pont de son brick, si blanc, si propre, si net ! son grément lisse et peigné, les jalousies vertes de sa petite chambre, ses jolis rideaux de toile perse. bigarrés et émaillés de fleurs comme un parterre... et sa moustiquaire diaphane... et son lit où il dormait si bien... et son verre de gyn, humé lentement en compagnie de ce pauvre Simon, tout en causant de Catherine et de Thomas, de ses riants projets pour l'avenir, de sa modeste ambition et de son espoir de finir ses jours par une belle soirée d'automne, à l'ombre des acacias qu'il avait plantés, entouré de deux ou trois générations de petits Benoîts.

Oh! mon Dieu, Montaigne a bien raison! *Comme la fatalité nous masche!*

— « Tu as b..., renaclé pour venir au « lof, vieux marsouin, » lui dit un homme à figure repoussante, et qui n'avait qu'un œil; cet intrigant était à peine vêtu d'un pantalon déchiré, d'une vieille, vieille chemise de laine rouge, sale et grasse, et ceint d'une corde au travers de laquelle passait la lame d'un grand couteau à manche de bois.

Ici Benoît rassembla sa dignité, son courage, et répondit sans émotion.

— « Vous aviez seize canons et je n'en
« avais pas un... c'est pas cher d'amariner
« les gens à ce prix-là, bigre ! »

— « C'est pour cela, mon gros souf-
« fleur, qu'il faut gouverner droit, parce
« que la raison est toujours du côté des
« canons... et tu vois si nous sommes
« raisonnables... »

Dit le gentilhomme, en lui faisant observer que les gaillards étaient parfaitement garnis...

— « Enfin, » reprit Benoît avec impa-

tience, « vous m'avez hélé, que voulez-
« vous de moi? je perds la brise; est-ce
« que vous allez m'embêter encore long-
« temps comme ça?

— « N'y a que le commandant qui
« puisse te répondre; en attendant, sois
« calme et ronge ton cable, ça t'empê-
« chera de grincer des gencives...

— Le commandant! ah! vous avez
« un commandant ici, ça doit être du
« propre, » dit imprudemment Benoît,
avec une sorte de moue dédaigneuse.

— « Mords ta langue, vieille carogne,
« ou je te l'arrache pour la jeter aux
« requins!

— « Mais, bigre d'enfer... » s'écria le malheureux capitaine... « enfin que me voulez-
« vous?... est-ce de l'eau ou des vivres?

— « De l'eau et des vivres, toujours
« de l'eau et des vivres, même du rhum,
« ça ne peut jamais nuire.

— « Dites donc cela tout de suite...
« Ohé !... toi, Jean-Louis, » cria Benoît
à un des canotiers, « rallie le bord et
« apporte dans la yole...

— « Toi, » dit l'interlocuteur de Benoît
en s'adressant au matelot précité, « toi,
« Jean-Louis, je *t'infuse* deux balles dans
« le torse si tu fais mine de pousser au
« large.

— « Oh ! quelle bigre, bigre de scie !
« vous ne voulez donc ni eau ni vivres ?

— « Nous irons nous-même en cher-
« cher à ton bord, vieille bête...

— « Comme je danse, fit Benoît.

— « Tu verras, que je te dis... et sans
« toi encore. »

Ici, le capitaine de *la Catherine*, au lieu de répondre, clignota des yeux, enfla sa joue gauche en la soulevant avec sa langue, et tapa légèrement sur cette proéminence du bout de son index.

Cette pantomime, bien inoffensante vous le voyez, parut pourtant insultante au gentilhomme, car, d'un revers de sa large main, noire et velue, il étendit le pauvre Benoît sur le pont en lui disant :

— « Est-ce que tu prends *le Borgne*
« pour un mousse, dis donc... attachez-
« moi cet animal-la par les pattes, vous
« autres...

Ce qui fut fait malgré les *bigres* réitérés de Benoît.

Les matelots de son embarcation étaient tenus en respect par *le Borgne* et ses honnêtes amis.

Une grosse tête, hideuse et crépue, sortit du panneau en criant : « *Le Borgne.....*
« *le Borgne*, le commandant demande ce
« qu'on déralingue sur le pont.

— « C'est le vieux caïman qui gouverne
« le brick, *que l'on fait se taire...* »

La grosse tête disparut.

Puis elle reparut.

— « Eh ! » dit le vilain mousse, « eh !
« *le Borgne*, le commandant ordonne
« qu'on lui apporte le *monsieur.* »

Et, bon gré malgré, l'honnête Benoît fut affalé par le panneau, et se trouva auprès d'une petite porte qui donnait

dans la cabine du seigneur et maître de
la Hyène.

Là, le misérable entendit une voix,
oh ! une voix de tonnerre qui hurlait :

— « Mais qu'on le coupe en deux
« comme une pastèque, ce vieux gueux-
« là..... s'il se rebiffe..... Ah ! on l'a ap-
« porté !... eh bien ! qu'il entre... et nous
« allons nous voir le blanc des yeux ! ».

. . . .

Ici, Claude-Martial-Borromée pensa à
Catherine et à Thomas, boutonna sa veste,
passa la main dans ses cheveux gris,
toussa deux fois... se moucha...

— Et entra...

CHAPITRE TROISIÈME.

Peut-être, messieurs, ne savez-vous pas ce que c'est que le Pal?...

JULES JANIN. — *L'Ane mort.*

Je frissonnai et je crus que ma dernière heure était arrivée.

P. MÉRIMÉE. — *L'Enlèvement de la redoute.*

MONSIEUR BRULART.

En vérité, il méritait bien de commander la *Hyène* et son hideux équipage.

Telle fut la première réflexion du capitaine Benoît, lorsqu'il se trouva face à face avec ce personnage.

Figurez-vous un homme de taille athlétique, avec un visage pâle et plombé, un front plissé, un nez long et mince, d'épais sourcils d'un noir de jais, et des yeux d'un bleu clair et vitreux d'une fixité insupportable; un menton large et carré, des joues creuses, recouvertes d'une barbe épaisse à moitié longue, et puis enfin une bouche bordée de lèvres minces et blafardes, agitées par un tremblement convulsif presque continuel qui, par exemple, laissaient voir, pourquoi ne l'avouerait-on pas, de fort belles dents parfaitement rangées.

Pour tout vêtement, il portait une grosse chemise bleue à moitié usée qu'il attachait ordinairement autour de ses reins avec un bout de bitord ; aussi Benoît put-il admirer à son aise la force puissante de ses membres musculeux, bruns et velus.

Seulement ses mains, toutes malpropres, toutes noires qu'elles étaient, témoignaient, par leur forme longue et effilée, par la délicatesse de leurs contours, témoignaient, dis-je, d'une certaine distinction de race...

Le commandant Brulart (car il avait un nom et s'appelait Brulart), même aucuns disent un nom ancien, un nom historique, qui, déjà illustre sous François Ier, fit pâlir plus d'une fois les généraux de Charles-Quint ; quant à moi, je ne crois guère à ces dires : toujours est-il que M. Brulart était assis sur un vieux coffre, et avait devant lui une petite table tachée de graisse et de vin sur laquelle il s'appuya quand il vit entrer Benoît.

Ce fut donc la tête dans ses mains, les coudes sur la table, son regard clair et perçant attaché sur le bon homme, qu'il s'apprêta à engager la conversation.

Benoît, voulant lui épargner la peine

de commencer, prit la parole avec dignité :

— « Saurai-je enfin pourquoi..... » mais M. Brulart l'interrompit de sa grosse voix :

— « *Pourquoi toi-même!* chien ; au lieu de
« m'interroger, réponds... pourquoi as-tu
« été si longtemps à mettre ton *Ourque* en
« panne ? »

A ces mots, le front de M. Benoît se colora d'une vive et légitime indignation ; il fût peut-être resté impassible pour une injure adressée à lui personnellement, mais insulter son brick... *sa Catherine !* appeler son joli navire une *Ourque !* c'était plus qu'il n'en pouvait supporter ; aussi reprit-il vivement :

— « Mon brick n'est pas une *Ourque*, en-
« tendez-vous, malhonnête, et si je n'avais

« pas un bas mât trop pesant, je rendrais
« les huniers à votre bateau... »

Ici M. Brulart fit trembler la goëlette aux éclats de son gros rire, et continua sans changer de position.

— « Tu mériterais bien, vieille carcasse
« démâtée, que je te fisse amarrer à une
« ligne de lock, et que je te f... à la mer...
« à la remorque de ma goëlette pour que
« tu puisses juger si elle file bien ;... mais
« je te réserve mieux que ça.... oui, mon
« vieux, mieux que ça, » dit Brulart en voyant l'air étonné de Benoît.

— « Mais ce n'est pas encore l'heure ; dis-
« moi, d'où viens-tu ?

— « Je viens de la côte d'Afrique, je fais
« la traite, j'ai mon chargement, et je vais
« à la Jamaïque pour y vendre mes noirs...

— « Je savais tout cela mieux que toi, « je te le demandais pour voir si tu men- « tirais...

— « Vous le saviez ?...

— « Je te suis depuis Gorée...

— « C'est donc vous... que j'ai vu avant « l'ouragan... dans la brume...

— « Un peu... ainsi touche-là, confrère, « salut !... » dit Brulart en tirant une mê- che de ses épais cheveux noirs, comme si c'eût été la corne d'un chapeau ; « ah !... « nous faisons la traite ! et moi aussi.... « j'en suis enchanté.

— « J'étais sûr que nous nous enten- « drions, » dit Benoît un peu rassuré par cette parité d'état.

— « Mais, dis-moi, tes noirs, où les « as-tu pris ? car l'ouragan nous a sépa-

« rés, et je ne t'ai retrouvé que cette nuit.

— « Sur la côte... à l'embouchure de la
« *rivière des Poissons* ; ils m'ont été vendus
« par un chef de *Kraal* des grands *Nama-*
« *quois*, c'est une partie des *petits Namaquois*
« qui provenait d'une prise faite pendant la
« guerre...

— « Ah ! vraiment...

— « Mon Dieu, oui, j'avais même eu l'i-
« dée, si mon chargement n'eût pas été
« complet, de descendre jusqu'au *fleuve*
« *Rouge*, qui est à peu près à trente lieues
« dans le sud-est de la rivière des Poissons.

— « Pour ?

— « Pour compléter mon chargement
« avec des *grands Namaquois*, car ils se sont
« fait des prises des deux côtés ; et si les
« grands Namaquois vendent les petits,

« les petits mangent les grands Nama-
« quois.

— « Ah ! ils les mangent !

— « Ils les mangent à la croque-au-sel... »
« répéta Benoît tout à fait rassuré, en fai-
« sant l'agréable ; « ainsi commandant,
« vous voyez, puisqu'ils les mangent, ils les
« vendraient peut-être à bon marché aussi,
« et je vous enseigne cet endroit comme
« *un bon coin.*

— « Oh ! moi, je prends mes cargaisons
« de noirs ailleurs.... c'est une combinai-
« son à part... une espèce de tontine dans
« laquelle *j'amortis* beauconp...

— « Ah !.. » fit Benoît ouvrant ses petits
yeux. « c'est une tontine..... pourrai-je en
« être ?

— « Comment! mon brave, tu y es déjà!...

— « Déjà... » dit Benoît, qui n'y comprenait rien.

— « Déjà...

— « Mais, dis-moi, tu as quitté la rivière
« des Poissons ?

— « Hier soir... mais cette tontine...

— « Bien — ton estime t'éloigne de la ri-
« vière ?...

— « De vingt lieues environ... et cette
« tontine que ?...

— « Et tu es sûr que les *petits Namaquois*
« *du fleuve Rouge* ont aussi fait prisonniers
« des *grands Namaquois* ?

— « Sûr, sûr, c'est leur chef *Taroo* qui me
« l'a dit ; mais vous voyez, commandant,
« que je m'amuse aux lanternes, tout ce
« que je puis faire pour vous, c'est de vous
« donner six tonnes d'eau et deux barils

« de biscuit ; vous concevez qu'avec près
« de quatre-vingts noirs à bord et vingt
« hommes d'équipage, c'est beaucoup ;...
« mais nous causerons de la tontine, et
« vrai, comme Catherine est mon épouse,
« je me *saigne* pour vous.

— « C'est le mot, » dit Brulart, en souriant d'une façon singulière.

— « Je ne puis pas faire un fifrelin de
« plus, » ajouta Benoît d'un air décidé...

— « Je te jure pourtant, moi, par tous
« les reins que j'ai brisés !... » cria Brulart.

— Et il leva sa tête d'entre ses mains...

— « Par tous les crânes que j'ai fendus. »

— Et il se dressa debout.

— « Par tous les gosiers que j'ai échan-
« crés ! »

— Et il marcha sur Benoît.

— « Par tous les navires que j'ai pillés. »

— Et il regarda le malheureux capitaine sous le nez.

— « Que tu feras davantage pour moi, *monsieur des grands Namaquois.*

— « Me trahirais-tu ? » demanda Benoît, pâle comme la mort.

— « Si je-te-trahis ?...

— Et à peine Brulart avait-il terminé ces mots qui furent accentués lentement, qu'un rire tout homérique ou plutôt tout méphistophélétique, ou mieux encore, un vrai rire de hyène, souleva sa large poitrine.

— « Ah ! gredin... bigre de forban... » dit l'honnête Benoît en lui sautant au cou...

— Mais Brulart saisissant les deux bras de Benoît, les emprisonna dans son poignet de fer, tandis que de l'autre main il dénoua la corde qui lui servait de ceinture, et en quelques minutes, Benoît fut ficelé, lié, enchevêtré, de manière à ne pouvoir faire le plus léger mouvement; après quoi Brulart le posa en travers sur son grand coffre, en lui disant : « A tout à l'heure, nous allons rire... *confrère*. »

— Et il monta sur le pont au bruit des imprécations, des injures, des bigres, des hurlements du malheureux Benoît, qui sautait par soubresauts sur son coffre comme un poisson sur le sable.

CHAPITRE QUATRIÈME.

Oh... lui dit-il en mourant; oh! mon Anna, coupe les boucles de mes longs cheveux qui ressemblent aux tiens..,

— Au moins, se dit à part la douce fille, je pourrai donner des bagues à mes amants, sans dégarnir ma chevelure. — Ils me suivront au tombeau... qui, je te le jure, est entr'ouvert, mon adoré... — reprit-elle tout haut ..

— Une larme brilla dans les yeux ardents du moribond.

(*Historique*).

. Ils auraient dû vivre invisibles dans l'épaisseur des bois, comme les rossignols mélodieux, ils n'auraient jamais dû habiter ces vastes solitudes appelées sociétés, où tout est vice et haine : chaque créature née libre se plait dans un secret asile. Les oiseaux les plus doux ne nichent qu'avec une compagne, l'aigle prend seul son essor, la mouette et les corbeaux se réunissent en troupes sur les cadavres, comme font les mortels.

BYRON. — *Don Juan,* ch. IV, XXIX.

ARTHUR ET MARIE

Pour en finir une bonne fois avec tous les antécédents, vrais ou faux, attribués à Brulart, nous rapportons ici une anecdote, qui, sans se rattacher précisément à son histoire, y a trait, en ce sens, que le héros de l'aventure porte aussi ce nom ancien, historique, déjà illustre sous François Ier, ce nom dont quelques-uns honoraient Brulart, ainsi qu'on l'a fait observer ailleurs.

— A peine âgé de vingt-sept ans; le

comte de *** avait déjà mené une existence passablement orageuse; doué par la nature d'une puissance physique et intellectuelle extraordinaire, jeune encore, il s'était livré avec emportement à tous les excès, à toutes les débauches, et conséquemment beaucoup diminué le patrimoine considérable que lui avait légué son père.

— Il vit par hasard dans le monde, où il allait très peu, une jeune fille fort belle, mais sans fortune.

— Par hasard aussi il en devint éperdûment amoureux ; c'était son premier amour véritable. Or, un premier amour de débauché, c'est, on le sait, la passion la plus frénétique, la plus violente qu'on puisse imaginer.

— La jeune fille, fort belle, répondit

bien à la passion frénétique, mais comme elle était aussi sage que jolie, mais comme sa tante, qui l'avait élevée, s'était mariée quatre fois et possédait naturellement une prodigieuse expérience de ce bas monde, on n'accorda ni un baiser, ni un serrement de main avant l'union civile et religieuse.

— Le comte de *** avait remarqné dans Marie (la fille fort belle s'appelait Marie) une tête ardente, des idées exaltées, et surtout un profond instinct du confortable qui n'attendait que la jouissance d'une fortune brillante pour se développer.

— Or, avant de signer le contrat, il lui dit à peu près ceci :

— « Marie, j'ai des vices, des défauts, « et même des ridicules... »

— La jeune fille sourit... en montrant deux rangées de petites perles blanches.

— « Marie, je suis violent, emporté,
« querelleur, et jusqu'à présent malheu-
« reux en duels comme en amour... »

— La jeune fille soupira, en le regardant avec un air de compassion touchant et sincère. Mais il fallait voir quels yeux!... et comme les soupirs allaient bien à cette gorge de vierge!

— « Marie, j'avais beaucoup d'argent,
« beaucoup; les chevaux, les chiens, la
« table et les femmes m'en ont absorbé
« une furieuse quantité... »

— La jeune fille sourit avec indifférence... en levant ses jolies épaules rondes.....

— « Marie, il me reste, je crois, trois
« cents et quelques mille francs, vous

« avez dix-neuf ans, des émotions toutes
« fraîches à satisfaire; la vie est neuve
« pour vous; le luxe, les plaisirs, le
« tourbillon enivrant d'une grande ville,
« vous sont inconnus.... et, par consé-
« quent, doivent vous faire grande envie.
« Pour répondre à tous ces besoins, j'ai
« peu d'argent, et beaucoup de défauts;
« mais enfin voulez-vous de moi ? »

La jeune fille lui ferma la bouche avec
sa main mignonne et potelée.

— Le comte de *** l'épousa donc ;

— De quoi ses amis rirent beaucoup.

— Sa femme, jusqu'alors froide et réservée, se livra à tout le délire d'une première passion ; brune ; jeune, ardente,
elle sympathisa vite avec l'âme brûlante,
le caractère fougueux de son mari.

Chose étrange ! la possession n'affaiblit

pas leur ivresse, et les plaisirs du jour naissaient des souvenirs de la veille.

On l'a dit, quoique le patrimoine du comte eût singulièrement maigri, il avait encore une honnête rotondité de cent mille écus au moment du mariage.

Mais, comme avant tout, le comte adorait son idole, son dieu, sa Marie, son dieu resplendissait de pierreries, ne foulait que le satin et le cachemire, et n'aventurait jamais ses petits pieds sur le pavé des rues ou la poussière des promenades.

. — Et le malheureux patrimoine desséchait, fondait à vue d'œil que c'était pitié...

— Or un jour, sur les trois heures du soir, quatre mois après leur mariage, et le lendemain du retour du comte, qui avait fait une légère absence, ils étaient

couchés tous deux, beaux de leur pâleur, de leurs traits fatigués : « Arthur, » disait Marie, en peignant ses longs cheveux noirs qu'elle avait si beaux, avec ses jolis doigts blancs un peu amaigris, « Arthur...
« encore un mois de pareil bonheur... et
« puis mourir... dis, mon ange, nous
« aurons usé tous les plaisirs, depuis la
« molle et douce extase jusqu'au spasme
« nerveux et convulsif qui fait envier notre
« luxe, notre ivresse toujours renaissan-
« te... Nous sommes trop heureux... il est
« impossible que cela dure... devançons
« l'heure des regrets qui viendrait peut-
« être ! veux-tu, dis, mon amour ?.....
« veux-tu mourir bientôt... un charbon
« parfumé, ma bouche sur ta bouche, et
« nous nous en irons comme toujours.,.
« ensemble... »

Et la délicieuse créature, sa tête entre les mains, ses coudes à mignonnes fossettes, appuyés sur les riches dentelles de son oreiller, attachait ses grands yeux battus et voilés sur la pâle figure de son mari.

— Arthur se dressa de toute la hauteur de son buste, son regard flamboyait, et une incroyable expression d'étonnement et de joie rayonnait sur son front... Il était plongé dans une ravissante béatitude... cette idée lui était venue à lui... cinq jours avant, et au fait:

A vingt-huit ans, il avait vécu autant qu'il est possible de vivre avec un corps de fer, une âme de feu, et des tonnes d'or; — cette passion qu'il éprouvait pour sa femme semblait résumer toutes ses passions, car il l'aimait de tout l'amour qu'il avait eu pour les chevaux, les chiens, le jeu, le vin et les filles d'opéra ou d'ailleurs.

Et puis aussi le misérable patrimoine était devenu si étique, si souffreteux, si chétif, si diaphane, qu'on voyait la misère au travers.

Et puis aussi, l'accord parfait qui avait existé jusque-là entre *pouvoir* et *volonté* (eût dit Scudéry) avait disparu... qu'aurait-il regretté?.,.

Aussi Arthur ne répondit rien. Il est de ces sensations qu'aucune langue humaine ne peut exprimer; — deux grosses larmes roulèrent sur ses joues flétries.... ce fut sa seule, son unique réponse...

Mais le dévoûment de Marie eut une si inconcevable influence sur cet être énergique, qu'il l'exalta pour quelque temps encore à un degré de puissance inouie et presque surnaturelle... il faut avouer que cette influence magique ne s'étendit pourtant pas jusqu'au patrimoine, car quinze jours après il était défunt. Le patrimoine! Oh! bien défunt... et lui donc!.., *Bone Deus!* pauvre Arthur!. . . . .

. . . .

— « C'est donc aujourd'hui, » disait Marie, toujours belle, quoiqu'amincie, car avant son mariage elle était un peu grasse, un peu colorée...

— « C'est ce soir... » répondit-il tendrement.

— « As-tu écrit?... demanda-t-elle.

— « Sois tranquille, on n'inquiétera « personne, chère et bonne Marie, » et ils arrivèrent calmes et joyeux dans les bois de Ville-d'Avray, car ils avaient abandonné l'idée de l'asphyxie ; c'est commun, au lieu qu'avec un bon poison rapide comme la foudre, on peut quitter la vie sous un bel ombrage frais et riant ; justement on était en juillet.

— « Ce n'est pas une femme, c'est un
« ange. » disait Arthur, en voyant Marie déboucher toute heureuse, toute souriante, un petit flacon de cristal mince, friable, et rempli d'une belle liqueur limpide, verte comme l'émeraude.

— Ils s'étendirent tous deux sous un chêne magnifique, dans un épais taillis, désert et reculé ; l'air était tiède, le ciel pur, le soleil à son déclin.

— « Devine, cher adoré..... comment
« nous allons partager cette douce li-
« queur, » dit la jeune femme, en jetant son bras blanc et potelé autour du cou de son mari, et le baisant au front.

— « Je ne sais, mon ange, » répondit Arthur avec insouciance, en comptant sous ses lèvres les palpitations du cœur de Marie.

— « Eh bien! » dit-elle avec un regard ardent et passionné, pendant qu'un frisson voluptueux semblait courir par tout son corps, « eh bien! mon Arthur, nous
« mettrons ce mince cristal à moitié
« entre nos dents... et nous le briserons
« au milieu d'un de ces baisers délirants...
« tu sais....

— « Oh! viens... donc... » dit Arthur.

. . . .

Le soleil se coucha.

Le lendemain, à la nuit, le comte sortit comme d'un affreux sommeil, la langue rude et sèche... le gosier brûlant, et des battements d'artères à lui rompre le crâne...

Il était à la même place que la veille. Il sentit aussi mille pointes aiguës lui déchirer les entrailles.

Pour lors il se tordit, cria, mordit la terre, car il souffrait des douleurs atroces...

Dans un moment de calme, il chercha le cadavre de Marie avec angoisse.

— Elle n'y était plus...

Les douleurs le reprenant, il se tordit de nouveau, hurla tant et si bien, qu'un honnête garde-chasse le recueillit, l'emmena dans sa maison et le soigna comme un fils.

L'incroyable force de tempérament du comte résista à cette violente secousse, et au bout de quinze jours il fut presque hors de danger.

Mais qu'était devenue Marie? c'est ce qu'il ne put savoir.

Un matin le brave garde-chasse apporta, avec *sa petite note pour les bons soins donnés à Monsieur* (ce qui cotait l'humanité du garde-chasse à dix francs par jour), apporta, pour distraire son hôte, un numéro de l'honnête *Journal de Paris*.

Le comte se mit à le lire, et sa figure prit une expression bien étrange

— *Deux cents francs de récompense à qui ramènera chez M. M***, rue***, un lévrier blanc, de grande taille, marqué de taches jaunes aux oreilles, fort méchant, et mordant au nom de* Vair daw.

Ce n'est pourtant pas cela qui pouvait faire craquer si violemment les dents du comte les unes contre les autres... continuons :

— *Le nommé Chavard a été condamné à cinq ans de travaux forcés et à la marque, pour avoir volé avec effraction, escalade nocturne, et à main armée, cinq choux et un lapin blanc ; mais, vu les circonstances atténuantes (Chavard jouissait, avant ce crime, d'une bonne réputation, et veuf, père de cinq petits enfants, vivait d'une industrie qui venait d'être détruite par l'invention d'une nouvelle machine à va peur fort économique, employée par un banquier millionnaire.)*

Vu ces circonstances, on lui fait remise de la marque, etc., etc.

Ce n'était pourtant pas non plus cette conséquence d'une civilisation très avancée qui faisait pâlir le comte et rouler ses yeux sanglants dans leur orbite ; voyons autre chose, nous y sommes, je crois :

—*Depuis quinze jours environ, le comte Arthur de*** a disparu de son domicile ; il y a tout lieu de croire qu'un suicide a mis fin à ses* *jours, et que des affaires dérangées et des chagrins domestiques l'auront poussé à cette extrémité, d'autant plus que l'on assure que madame la comtesse de *** est partie la veille même ou le lendemain de la disparition de son mari, avec un des plus riches seigneurs de la capitale ; ils ont pris dit-on, la route de Marseille.*

C'est cela pour sûr qui terrifia le comte et le fit tomber sur son lit sans connaissance. Pendant cet évanouissement douloureux et poignant comme un cauchemar par une nuit d'été, lourde et chaude, il lui sembla voir des êtres fantastiques, hideux et flamboyants, qui, en se rapprochant les uns des autres, formaient un sens, comme s'ils eussent été les signes animés d'une langue inconnue.

Et il lut les mots suivants qui étincelaient et tournaient rapides, rapides comme la roue d'un moulin :

— « Une jeune et jolie femme ne re-
« nonce jamais au luxe et aux plaisirs...

— « Pour se tuer, surtout...

— « Elle t'a joué, sot...

— « Elle a aimé ton or, quand tu avais
« de l'or...

— « Elle a aimé ta jeunesse et ta beauté,
« quand tu avais de la jeunesse et de la
« beauté.

— « L'orange est sucée, adieu l'é-
« corce...

— « Elle en aime un autre qui a de l'or,
« comme tu avais de l'or ; de la beauté,
« comme tu avais de la beauté...

— « Elle a voulu se débarrasser de toi...

— « Elle a compté sur ta niaise exalta-
« tion...

— « Et puis sur ta ruine...

— « Et puis sur son sang-froid et son

« adresse pendant que tu te livrerais à un
« dernier transport frénétique et con-
« vulsif...

— « Et elle rit de toi avec son amant
— son amant — son amant...

— « Car elle te croit mort — mort
« mort... »

Ici le comte fit un bond affreux, se réveilla, se dressa raide sur ses pieds, tout d'une pièce, la bouche écumante, et tomba en travers de son lit, les yeux grands, ouverts, fixes, presque sans pouls et faisant entendre un râlement sourd et étouffé...

Ce fut encore le bon garde-chasse qui le tira de cette nouvelle crise, qui le combla de nouveaux soins, toujours à dix francs la journée d'affection et d'attachement.

Quand le comte put se lever et marcher, il lui donna un brillant pour aller le vendre, le paya sur le prix, et s'en fut.

Onc depuis le bon garde-chasse n'en entendit parler.

S'il eût pourtant lu le *Sémaphore* de Marseille, il eût été peut-être frappé du paragraphe qui suit :

Un crime affreux vient de jeter la consternation dans nos murs ; depuis quelque temps, madame la comtesse veuve de *** était arrivée ici avec M. de ***, parent de notre archevêque ; cette dame voyageait dit-on, pour sa santé, et voyait toute notre grande société ; lorsqu'hier, au coucher du soleil, des cris affreux partent de l'appartement de cette dame, qui est logée sur le port, hôtel des Ambassadeurs. On enfonce la porte et on la trouve baignée dans son sang, percée de plusieurs coups de poignards ; elle *n'a pu dire que ces mots à son compagnon de voyage :* « *Je* le *croyais mort, il ne l'est pas...* « *il vient de m'assassiner... crains tout de* « *lui... je n'ai aimé que toi, amour...* » — *Et elle expira.*

Ses obsèques ont eu lieu ce matin dans l'église de Saint-Joseph; on est à la recherche de l'assassin, qui est, dit-on; le mari de cette dame, le comte Arthur de ··· qu'on avait cru mort; mais on n'espère pas le découvrir, car plusieurs témoins affirment avoir vu, avant hier soir, peu de temps après le meurtre, un homme marchant fort vite se dirigeant vers le port, et dans la soirée, on sait qu'un mistic sous pavillon sarde a mis à la voile. Mais les plus fortes présomptions portent à croire que ce monstre de jalousie a terminé sa vie dans les flots; voici le signalement affiché à la préfecture : Taille cinq pieds dix pouces, — *très maigre, figure longue et pâle, — sourcils noirs, barbe noire, cheveux noirs, yeux bleus très clairs, — dents blanches, — menton carré, — vêtu d'une redingote verte et d'un chapeau rond.*

Nous n'aurions pas fatigué le lecteur de ces longs et fastidieux extraits de journaux, si la coïncidence de noms ne nous avait frappés, comme on l'a déjà dit.

Quoique le signalement précité offre quelques points de ressemblance avec celui du commandant Brulart, d'autant plus que dix années s'étant écoulées depuis cette aventure, l'âge du comte Arthur de ***, s'il vivait, se rapporterait parfaitement à celui de Brulart, qui est maintenant, je crois, dans son trente-septième printemps; pourtant nous n'oserions prendre sur nous d'affirmer l'identité :

nous laissons à la perspicacité du lecteur le soin d'éclaircir ce doute.

Toujours est-il que Brulart (*comte ou non*) monta sur le pont, laissant l'honnête Benoît maugréer à son aise, étendu sur le grand coffre.

CHAPITRE CINQUIÈME.

..... *Aliquis providet.* .....
Marche au flambeau de l'espérance,
Jusque dans l'ombre du trépas,
Assuré que ma providence
Ne tend point de piège à tes pas :
Chaque aurore la justifie,
L'univers entier s'y confie,
Et l'homme seul en a douté ;
Mais ma vengeance paternelle
Confondra le doute infidèle.
Dans l'abime de ma bonté.
   DE LAMARTINE. — *Méditation* VIII.

QUE LE BON DIEU VOUS PUNIT.
DE FAIRE LA TRAITE.

Lorsque M. Brulart parut sur le pont de la *Hyène*, tous les entretiens particuliers cessèrent comme par enchantement.

Et de fait, si ce personnage n'était pas affable et gracieux, il était au moins imposant et terrible aux yeux de son équipage.

Sa chemise ouverte laissait voir son cou bruni, ses membres nerveux et endurcis aux fatigues. Il s'appuyait sur une énorme barre de chêne qu'il faisait tournoyer de temps en temps, comme si c'eût été le plus mince roseau.

— « Où est le *Borgne*, canailles ? demanda-t-il. Le *Borgne* s'approcha.

— « Fais armer la chaloupe en guerre,
« prends quinze hommes, deux pierriers à
« pivots, et va amariner le bateau de ce
« *monsieur* ; quant à ces chiens qui sont
« dans le canot, mène-les aussi à bord,
« et mets-les aux fers avec les noirs et le
« reste de l'équipage du brick. A vous
« quinze vous pourrez manœuvrer ce bâ-
« timent : imite mes mouvements, et na-
« vigue dans mes eaux... tu commanderas
« ce navire.... veille aussi à la nourriture
« des nègres... allons, file... »

Les ordres de M. Brulart furent exécutés à la lettre ; seulement, lorsque *Caiot* vit ar river l'embarcation armée qui venait s'emparer de *la Cathrine*, il eut le fol entêtement de vouloir résister un peu ; aussi lui et deux autres, je crois, furent tués, et le *Borgne* pensa judicieusement que ce serait autant de moins à garder et à nourrir. Bientôt *la Hyène* orienta ses voiles, et, serrant le vent au plus près, mit le cap au sud, comme pour regagner la côte d'Afrique...

Benoît sentit alors aux secousses du navire et au bruit qu'on faisait sur le pont, que la goëlette se remettait en route.

La brise fraîchit, et la marche de *la Hyène* se trouvait tellement supérieure qu'elle fut obligée d'amener ses huniers pour que *la Catherine* pût la suivre, et pourtant son nouveau commandant, le *Borgne*, la couvrait de voiles...

« Toi, timonnier, le cap à l'est-sud-est, »

dit Brulart, « et veille aux embardées, ou
« je te cogne ; » puis il descendit retrouver son prisonnier.

— « Ah ! brigand... forban, gredin... »
cria celui-ci dès qu'il le vit, « ah ! si j'avais
« eu des canons et mon brave Simon... tu
« ne m'aurais pas pris comme un congre
« dans son trou...

— « Tout de même, papa...

— « Non !.. bigre... non...

— « Comme tu voudras... mais il fait solidement soif... »

Brulart prit alors sa barre de chêne, et frappa le plancher.

Le mousse à la vilaine tête reparut, et à peine M. Brulart eût-il fermé ses doigts moins le pouce, qu'il tendit vers sa bouche en haussant le coude... qu'une grosse cruche de rhum était sur la petite table.

Le capitaine de *la Catherine*, toujours amarré sur son coffre, se trouvait dans l'impossibilité de faire un mouvement.

— « Dis-donc, confrère, » reprit Brulart après s'être ingéré un énorme verre de cette liqueur alcoolique ; « dis-donc, pour
« passer le temps, jouons à un jeu, veux-
« tu ? à *pigeon vole...* non, tu es attaché ; à
« mon *corbillon....* c'est bien fade ; à *M. le*
« *curé n'aime pas les os...* ça sent le blas-
« phème ; tiens, j'y suis, jouons à deviner ;
« je te préviendrai quand tu *brûleras*,
« comme nous disions au lycée Bona-
« parte... voyons, devine... devine... ah !
« tiens, devine ce que je vais faire de toi
« et de ton équipage.

— « Bigre, ce n'est pas malin ! nous
« piller, scélérat...

— « Non, va toujours...

— « Nous faire prisonniers... monstre...

— « Non, va toujours.

— « Eh bien donc ! nous massacrer, car
« tu es capable de tout...

— « Tu brûles.... mais ce n'est pas ça
« tout-à-fait.

— « Mille millions de tonnerre... être
« là immobile, amarré comme une ancre
« aucapon... c'est à se dévorer la langue...

— « Tu donnes ta langue au chien.....
« c'est-à-dire que tu renonces, que tu ne
« devines pas... Eh bien ! écoute. »

— Il but encore un grand verre, et Benoît ferma les yeux...

Mais se ravisant : « Je ne veux pas t'en-
« tendre, vilain gueux, » s'écria-t-il, « je
« t'empêcherai bien de parler..... tu vas
« voir...

Et Claude-Borromée-Martial se mit à

crier, à vociférer, à chanter, à hurler pour couvrir la voix de M. Brulart et ne pas ouïr ses atroces plaisanteries.

— Deux ou trois matelots épouvantés de ce bruit infernal, se précipitèrent à la porte de la cabine, croyant qu'on s'y égorgeait...

— « Voulez-vous retourner là haut, ca-
« nailles, » dit Brulart, « ne voyez-vous
« pas que c'est monsieur qui s'amuse à
« chanter des romances namaquoises ! Ah !
« scélérat de musicien, va !

— Et le pauvre Benoît de continuer ses
« ah ! ah ! ses oh ! oh ! » sur tous les tons pour s'étourdir et couvrir la voix de son hôte.

— « Ah oui ! mais ça m'embête, » dit Brulart « c'est bon un moment, et puis tu
« t'enroueras... »

En deux tours Benoît fut bâillonné... ses yeux devinrent rouges comme du sang, et lui sortaient de la tête...

— « A la bonne heure, sois gentil, et on
« causera avec toi ; pour ta peine, je vais
« t'apprendre ce que je vais faire de ta sei-
« gneurie et de ton équipage. Je te dirai d'a-
« bord que javais autrefois la sottise d'al-
« ler acheter des noirs à la côte : tel bon
« marché qu'ils soient, c'est encore trop
« cher... Un jour que nous avions, moi et
« mes agneaux, dépensé jusqu'au dernier
« quart le fruit d'une assez bonne opéra-
« tion, j'eus l'idée de la *tontine* dont je t'ai
« parlé... Allons, reste donc tranquille, —
« tu te feras du mal. . Or, je flâne le long
« de la côte... et quand j'aperçois un né-
« grier que je suppose chargé — crac... je
« mets son chargement dans ma *tontine*...

« et lui et son équipage, je les *amortis*
« comme j'ai eu l'honneur de te le dire... de
« cette façon, les noirs ne me coûtent que
« la nourriture, que *la façon*, et je puis les
« donner aux colonies à meilleur marché
« que mes confrères : ainsi tu vois la
« chose ; mais en t'entendant parler des
« *grands* et *petits Namaquois*, il m'est bien
« venu, pardieu ! une autre idée... tu vas
« rire. »

— Benoît pâlit...

— « Vois-tu, nous avons le cap à l'est-sud-
« est.... c'est-à-dire que nous portons un
« peu au nord de la rivière Rouge, où nous
« allons, autrement dit, chez les *petits Na-*
« *maquois*, dont tu as acheté les frères, pa-
« rents et amis. »

—Benoît fit un mouvement brusque et convulsif.

— « Comprends-tu?.... j'ai un de mes
« agneaux qui parle très bien caffre et na-
« maquois ; je le mets dans ma chaloupe
« avec toi et ton équipage, et je vous expé-
« die à terre..... en faisant bien expliquer
« aux petits Namaquois que tu es l'homme
« blanc qui depuis longtemps les achète
« quand ils sont faits prisonniers par leur
« ennemi, le chef des *grands Namaquois*, et
« tu juges s'ils seront contents de se venger
« sur toi et les tiens du sort affreux que
« l'on fait endurer à leurs compatriotes. »

— Les yeux de Benoît étincelèrent, et on entendit un gémissement étouffé.

« A la bonne heure, tu commences à
« comprendre... Ainsi donc, mon Caffre
« va trouver le chef du Kraal des *petits Na-*
« *maquois* et lui dit à peu près ceci :

« Grand chef ! mon maître, un homme

« blanc respectable, vient de donner la
« chasse à un autre blanc ; mais cet autre
« blanc est un misérable, le voici.... ce
« monstre a acheté à votre ennemi, le
« chef des *grands Namaquois*, tous les pri-
« sonniers qu'il vous a faits dans la der-
« nière bataille... témoin, ce cadavre de
« l'un d'eux.... qu'il a sans doute égorgé.
« C'est, vois-tu, confrère, » dit Brulart
en souriant d'une manière infernale et se
penchant près de Benoît, « c'est un de tes
« noirs que nous préparons, c'est-à-dire
« que nous noyons à cet effet, pour prou-
« ver que c'est la vérité, parce que s'il était
« en vie il pourrait jaser... »

— Les yeux de Benoît s'ouvrirent d'une
affreuse manière... et ils semblèrent lancer
des éclairs.

— « Tu y es, n'est-ce pas, mon frère ? »

continua Brulart, — « mon Caffre, ajoute...

— « Nous n'avons donc trouvé, grand
« digne chef, que ce cadavre ; ils avaient
« sans doute jeté les autres à la mer pour
« tromper la vigilance de mon maître, qui
« poursuit sans relâche ces atroces mar-
« chands de chair humaine... et n'être pas
« surpris en flagrant délit. Mais heureuse-
« ment ce petit Namaquois est revenu à la
« surface de l'eau, comme pour donner
« une preuve de leur crime... car Dieu est
« Dieu !.... Or, grand chef, mon maître
« livre ce blanc et son équipage à ta jus-
« tice, et à ta sévérité, ne demandant en
« échange, et pour leur faire subir la loi
« du talion, que vingt ou trente de vos pri-
« sonniers, compatriotes de ces *grands Na-*
« *maquois* qui ont si indignement vendu
« tes frères à ce misérable ; et, d'ailleurs

« si vous destinez vos ennemis à être dé-
« vorés, tâtez du blanc, et vous verrez que
« c'est un manger fort délicat. »

— Ici le linge qui bâillonnait Benoît se teignit peu à peu de sang... et ses yeux se fé mèrent... Le malheureux capitaine venait de se rompre une artère par la violence de sa colère et de sa rage si longtemps comprimées...

Brulart le fit revenir à lui au moyen de quelques gouttes de rhum qu'il lui introduisit charitablement dans les yeux.

— « Oh ! pitié.... pitié.... » dit Benoît d'une voix faible et entrecoupée...

— « Je ne comprends pas, » répondit Brulart en ricanant...

— « Pitié ! » répéta le capitaine de *la Catherine*...

— « Je n'entends que le français... mais

« je continue, tu juges de la joie du chef
« de *Kraal* et des siens de tenir des blancs !
« ceux qui ont acheté les nègres leurs
« frères... ils ne marchandent pas, ils
« nous donnent en échange de vous autres
« des *grands Namaquois* à remuer à la
« pelle... et quant à toi et aux tiens...
« voilà où est la farce ; on vous scalpelle...
« on vous roue... on vous brûle... on
« vous mange, un tas de folie, quoi... et
« moi qui garde ton brick, je me trouve
« avoir par le fait deux charmants navires,
« je charge ma goëlette des *grands Nama-*
« *quois* qu'on me troque pour toi et les
« tiens. Je mets le cap sur les Antilles ;
« je vends mes noirs à bon compte, et j'ai
« fait ainsi le bonheur des colons, de mon
« équipage, mais par-dessus tout j'ai
« puni un infâme négrier comme toi,

« qui vend ses frères ainsi que des bes-
« tiaux.

« Dis donc, après cela, qu'il n'y a pas
« une providence, mon gros compère !
« ouf... » et pour péroraison Brulart
absorba deux verres de rhum coup sur
coup...

— Le malheureux Benoît restait écrasé
sous le poids de cette horrible éloquence,
et ne pouvait placer une parole... Quand
le corsaire eut fini, il se recueillit un instant et dit avec un calme affecté que
démentait le tremblement de sa voix :

— « Il est impossible qu'un projet aussi
« affreux puisse entrer dans la tête d'un
« homme... je ne croyais pas encore qu'on
« pût voler un négrier... mais enfin, volez
« mon brick, mes noirs... mais au lieu de
« me jeter sur la rive du fleuve Rouge,

« menez-moi à la rivière des Poissons, au
« moins là... j'ai des amis... je ne serai
« pas massacré... c'est encore moins pour
« moi que pour mon équipage, je vous le
« jure... la preuve, c'est que je vous le
« demande à genoux... tuez-moi... mais
« ne les exposez pas à un sort aussi horri-
« ble, ces malheureux ont des familles,
« des femmes, des enfants!...

— « Juste... Je suis fabricant de veuves
« et d'orphelins, c'est aussi ma partie.

— « Capitaine, » reprit le commandant
de *la Catherine*, avec des larmes dans la
voix... « Dieu me punit du métier que je
« fais, mais il m'est témoin que c'est
« avec humanité que j'ai exercé... et puis,
« capitaine, oh! capitaine j'ai une femme
« et un enfant... qui n'ont que moi...
« prenez tout... mais, par grâce, laissez-

« moi la vie... oh! la vie! que je revoie
« mon enfant.

— « Voyez-vous le volage! tout à l'heure
« il voulait la mort! arrange-toi donc...

— « Oh! grâce... pour mon équipage
« et pour moi? c'est une cruauté inutile.

— « Comment, diable, inutile... j'y ga-
« gne un brick et un chargement de
« noirs...

— « Mon Dieu, mon Dieu que faire...
« ma pauvre femme... mon pauvre en-
« fant... » disait Benoît en pleurant à
chaudes larmes...

— « Bien, des larmes, bien, je vou-
« drais, vois-tu, voir pleurer du sang...
« oh! j'ai eu aussi, moi, d'atroces dou-
« leurs dans ma vie; il faut que l'homme
« me paie ce que l'homme m'a fait souf-

« frir, sang pour sang, torture pour tor-
« ture... et j'y perds...

— « Mais, au nom du ciel, est-ce ma
« faute...? je ne vous ai jamais fait de
« mal... moi...

— « Tant mieux, ta souffrance sera
« plus affreuse.

— « Commandant... grâce... grâce...

— « Tu me fais rire... mais je vais m'as-
« soupir, ainsi remets ta langue au croc,
« ou, bien mieux, je vais te remettre ton
« bâillon, ce sera sûr. »

Ce qu'il fit.

Puis il s'assoupit jusqu'à ce que son mousse *Cartahut* fût descendu et l'eût secoué fortement; ledit *Cartahut* reçut de Brulart un vigoureux coup de poing pour son message et reprit, en se frottant la tête :

— « C'est la terre qu'on voit...

— « Ah! chien... bien vrai, mort de
« Dieu, je rêvais que je voyais rôtir ce
« b... là, » dit Brulart en montant sur le
pont...

— « Mais tu es donc un monstre... un
« cannibale... » criait sourdement Benoît
malgré son bâillon ; sa voix s'éteignit...

Brulart, arrivé sur le pont, reconnut
en effet les hautes montagnes sèches et
rougeâtres qui cernent cette partie de la
côte, et, à l'aide de sa longue-vue, il distingua quelques cases à l'embouchure de
la rivière Rouge.

Il est inutile de répéter ce qu'on a déjà
dit; qu'il suffise de savoir que le projet
si complaisamment dévoilé à Benoît fut
exécuté à la lettre avec le plus grand bonheur, la réussite la plus complète.

Le nègre noyé, le Caffre interprète, rien n'y manqua, seulement, Benoît, ayant demandé comme grâces dernières à Brulart de se charger d'une lettre qu'il aurait fait parvenir en France pour prévenir Catherine et Thomas de ne plus l'attendre... plus jamais... — et puis de lui laisser embrasser encore une fois ce mauvais portrait et cette couronne fanée qui lui étaient si précieux. — On assure que le capitaine de *la Hyène* les lui refusa, et fit même sur cette peinture les plus horribles plaisanteries.

Enfin le soir même, Monsieur Brulart passa à bord du brick, et donna le commandement de la goëlette à son second, *le Borgne.*

Son chargement se composait de cinquante-un noirs du capitaine Benoît sans compter *Atar-Gull*, et de vingt-trois *grands Namaquois* qu'il avait eus en échange de M. Benoît et de l'équipage de *la Catherine*, lesquels noirs furent aussi mis aux fers et embarqués à bord de la goëlette...

On ne sait ce que devint Benoît et ses compagnons, seulement le Caffre qui avait conduit cette négociation apprit à l'équipage de la goëlette que tout le *Kraal* des *petits Namaquois*, femmes, enfants, hommes, vieillards, semblaient transportés d'une joie délirante, et que désignant l'équipage de Benoît et ce malheureux capitaine, garottés et couchés par terre, ils chantaient en se caressant l'estomac : « nous les ensevelirons là, noble tombeau, noble tombeau pour les hommes pâles, nous les ensevelirons là, et nous donnerons leurs yeux et leurs dents au grand *Tommaw*

« *Owouh*. . . . .

. . . .

— « Maintenant, dit Brulart, « laissons
« porter sur la Jamaïque..... que sur près
« de cent noirs, il m'en reste seulement
« trente, à deux mille francs, pièce.....
« pour ce que ça me coûte... c'est une af-
« faire d'or... »

Et, selon son habitude, il se retira dans sa chambre, en faisant la défense accoutumée :

« Le premier qui osera entrer ici avant
« demain — *à la mer !* »

Que faisait-il ainsi chaque nuit ?

Pourquoi cet isolement? cette lumière qui brûlait sans cesse ?

C'est ce que l'équipage de *la Hyène* ne pouvait savoir.

LIVRE TROISIÈME.

CHAPITRE PREMIER.

Le mal régna dès-lors dans son immense empire ;
Dès-lors tout ce qui pense et tout ce qui respire
　　　Commença de souffrir ;
Et la terre, et le ciel, et l'âme, et la matière,
Tout gémit ; et la voix de la nature entière
　　　Ne fut qu'un long soupir.

　　　DE LAMARTINE. — *Méditations*.

L'homme est un animal bizarre, et fait un singulier usage de sa nature et des arts qu'il invente ; il se tue, il se vend ; l'un fabrique des nez artificiels, un autre invente la guillotine, celui-là vous casse les os, celui-ci vous les remet en place ; — mais la vaccine a été certainement un excellent antidote des fusées à la Congrève.

　　　BYRON. — *Don Juan*, chant I, CXXIX.

LE FAUX PONT.

On le sait, le capitaine Brulart fit embarquer à bord de *la Catherine* tout son mobilier, c'est-à-dire sa table tachée de graisse et de vin, son vieux coffre où il n'y avait rien du tout, la chemise bleue, sale et trouée qu'il portait sur lui, son gros bâton (ou son éventail à bourrique, comme il disait plaisamment), et son grand pot d'étain qui tenait trois pintes.

Mais une fois entré dans la dunette du malheureux Benoît, il fut émerveillé des richesses qu'elle contenait, il s'empara d'abord du chapeau de paille et de la vieille couronne de bleuets qu'il planta sur sa tête, puis d'une veste et d'un pantalon dont il se revêtit insolemment; tout cela, il est vrai, lui était fort court et fort étroit; aussi ne ménageait-il pas les imprécations et les injures contre l'ancien propriétaire ; après tout, il n'y regardait pas de si près, et s'en trouva fort bien ; aussi, le lendemain matin, à son réveil, il dit en se mirant avec complaisance dans la petite glace de la dunette.

— « Il n'y a rien de tel que la toilette « pour refaire un homme. »

Puis il déjeûna de bon appétit d'une dalle de morue sèche, d'un fromage de Hollande, de trois galons d'eau-de-vie, et après boire, fut inspecter les nègres et descendit dans le faux pont.

Les *grands Namaquois* avaient été un peu négligés, un peu oubliés depuis la veille ; mais que voulez-vous, il s'était passé tant d'événements, tant de choses, qu'on ne pouvait penser à tout.

Donc, sur les midi, le capitaine Brulart arriva dans le faux pont, singulièrement espacé aux dépens de la calle ; car, de l'étrave à l'étambot, le faux pont avait, je crois, trente-cinq pieds, et son grand beau à peu près quinze pieds, autrement dit, trente-cinq pieds de long sur quinze de large ; la hauteur était de dix. La lumière ne pouvait passer que par le grand panneau grillé et regrillé.

Brulart commença son inspection par tribord.

Oh ! de ce côté, ce n'étaient que des enfants, de frêles et pauvres créatures qui, servant d'appoint dans ces marchés de chair humaine, formaient pour ainsi dire la *monnaie* de ce trafic.

Ces enfants jouaient là comme ils eussent joué sur les bords frais et ombragés du *fleuve rouge*.

Mon Dieu, pour eux, rien n'était changé ; seulement, au lieu du ciel pur qui leur souriait la veille, c'était le lourd plafond du brick ; au lieu du soleil éblouissant qui les inondait de chaleur et de lumière, c'était le panneau carré du faux pont qui suintait à travers ses barreaux un jour douteux et un air épais. Seulement, en montrant le plafond et le panneau, ils se demandaient, dans leur naïf langage, pourquoi ce ciel était si noir et si près, et ce soleil si pâle et si froid ;... et puis pourquoi ces vilains cercles de fer enchevêtraient leurs petits pieds déjà endoloris et gonflés ; et puis aussi pourquoi ils ne voyaient pas leur mère depuis trois jours, leur mère qui justement leur avait promis un joli collier de plume de colibris, et une pagne plus brillante à elle seule que tous les cailloux de la *rivière Rouge*.

Enfin, las de se questionner, de pleurer, ils se roulaient et se battaient entre eux pour attendre plus patiemment sans doute l'heure de manger ; car, depuis deux jours, on les avait un peu oubliés, et ils avaient bien faim.

Brulart passa, et, sans le faire exprès, le capitaine écrasa presque la jambe d'un de ces enfants sous son pied large et massif.

C'est qu'il faisait si sombre dans ce faux pont.

Le pauvre petit poussa un cri bien déchirant.

— « Mets des sabots, mauvais rat d'A-
« frique, » dit Brulart...

Et il continua sa promenade jusqu'au milieu du brick, fort mécontent de ces négrillons que l'on vend si mal... Par exemple, arrivé là, sa mauvaise humeur fit place à un sourire de satisfaction qui rida ses lèvres.

Car là commençait la *section des mâles,* comme il disait...

La clarté du grand panneau tombant d'aplomb sur cet endroit, il put facilement les examiner.

C'étaient des hommes forts et vigoureux; aussi le négrier contemplait-il avec une curieuse avidité ces vastes poitrines, ces bras nerveux, ces épaules larges et découpées, ces reins souples, cambrés et musculeux, et encore, enchaînés qu'ils étaient, on ne pouvait juger de toute la puissance de ces êtres sains et jeunes, car le plus vieux n'avait pas trente ans.

Ces nègres, par exemple, n'imitaient pas l'heureuse et naïve insouciance des enfants ; car eux, je crois, comprenaient mieux leur situation.

Souvent dans leur Kraal, assis autour d'un bon feu de palmier et d'aloës qui répandait une fumée si odorante et une flamme si blanche, souvent ils avaient entendu raconter par un vieillard que dans le Nord, quelques tribus, au lieu de manger leurs prisonniers, les vendaient aux hommes blancs qui les emmenaient dans leur pays... bien loin... bien loin .. Ici, les renseignements s'arrêtaient, et la crainte s'augmentait de cette ignorance ; aussi, nous l'avons dit, les *Namaquois* de feu (hélas ! on peut bien, je crois, dire de feu...) le capitaine Benoît étaient sombres et tristes.

Les uns assis, la tête penchée sur la poitrine et le bout de leurs pieds dans leurs mains, avaient les yeux fixes, ternes, et restaient dans un état d'immobilité parfaite...

D'autres raidissaient leurs bras, serraient fortement leurs dents, et faisaient je ne sais quel mouvement buccal intérieur ; mais de temps en temps leurs joues s'enflaient, leurs yeux devenaient sanglants, et on entendait une sorte de crépitation sourde et saccadée s'échapper de leur poitrine haletante.

Ils cherchaient ceux-là, on peut le pré-

sumer du moins, à avaler leur langue ;
espèce de mort, dit-on, assez commune
chez les sauvages.

D'autres, couchés en long, semblaient
fort calmes; mais de temps en temps ils
imprimaient à leurs jambes une violente
et affreuse secousse, comme pour les arracher de l'anneau qui les étreignait; ce qui
était absurde, et prouvait bien la stupide
ignorance des sauvages ; car ces anneaux,
rivés avec la barre, n'avaient, comme on
le pense bien, aucune élasticité...

Ceux-ci enfin, et c'était le plus grand
nombre, tournés sur le côté, dormaient
d'un sommeil souvent interrompu par
quelques mouvements convulsifs, quelques tiraillements de l'estomac, ou quelque joyeux souvenir des rivages du fleuve
Rouge.

Comme le souvenir d'une bonne danse *namaquoise,* si vive et si preste, au son du *jnoumjnoum,* sous des mimosas qui secouent leurs pétales roses et font mystérieusement bruire leur dentelle de verdure, alors que le soleil couchant illumine le sommet des arbres, que les oiseaux du ciel chantent leur chanson du soir, que les legouanes murmurent un cri plaintif, et que le ramage des didriks et des moineaux du Cap se mêle aux sourds et lointain rugissements des lions et des panthères...

Alors que le monstrueux hippopotame, comme la vieille divinité de ce fleuve africain, fendant l'onde bouillonnante, montre son corps noir et cuirassé tout ruisselant d'eau, de joncs verts et de nénufars, dont les fleurs bleues se détachent sur les larges plis d'argent de la rivière.

Alors enfin que c'est fête au Kraal, et que le chef a promis pour le lendemain une grande chasse à l'éléphant.

Danse alors, vaillant Caffre, danse, tes flèches sont acérées, ta hache est luisante et ton arc est verni ; danse, car le soleil se couche, mais la lune brille, et Narina l'aime tant ! la pâle clarté de la lune !

Je vous le dis, c'était le rêve de quelques-uns.. car autant la figure de ceux qui veillaient devenait sombre et chagrine, autant celle d'un bon nombre de dormeurs s'épanouissait rayonnante et heureuse ; un surtout, Atar-Gull, un grand jeune nègre aux cheveux frisés, dilatait son bon et franc visage que c'était plaisir de voir ses joues s'enfler, ses sourcils s'écarter, ses oreilles remuer, ses mains battre la mesure, et un inconcevable frémissement de bonheur courir par tout son corps; de voir enfin deux rangées de belles dents blanches qu'il montrait en ouvrant la bouche sans parler... le pauvre garçon, tant il était content de son rêve !

« — Je vais te faire me rire au nez, « f.... noireau, » dit Brulart, que cette gaîté hors de saison importunait, et d'un coup de son bâton de chêne il éveilla le dormeur en sursaut.

Alors vraiment c'était à fendre le cœur de voir cet homme, je veux dire ce nègre, tout-à-l'heure si gai, si content, conserver un instant encore l'expression de cette joyeuseté factice, puis, baissant les yeux sur ses fers, s'entourer tout-à-coup d'un morne désespoir, et laisser couler deux grosses larmes le long de ses joues.

C'est qu'il revoyait sa position actuelle

dans son vrai jour, et que, comme les autres, il avait grand faim, car on les avait aussi un peu oubliés.

Brulart passa, et arriva au bout du brick près l'avant.

C'est là que les femmes étaient parquées.

— « Ah, ah ! » dit le forban, « voici
« le sérail, mille tonnerres de diable ! il
« faut voir clair ici. *Cartahut*, va me cher-
« cher un fanal, » dit-il à son mousse. La lumière vint, et Brulart regarda...

Vrai, si je n'avais eu un de mes grands-oncles chanoine de Reims, un bien saint homme ! je vous révélerais, sur ma parole, un gracieux et érotique tableau.

Figurez-vous une vingtaine de négresses ayant presque toutes l'âge d'un vieux bœuf, non de ces Caffres rabougries d'un brun terne, sales, huilées, graissées, avec une vilaine tête laineuse et crépue ; non!

C'étaient de sveltes et grandes jeunes filles, fortes et charnues, au nez droit et mince, au front haut et voilé par d'épais cheveux noirs, lisses comme l'aile d'un corbeau. Et quels yeux! des yeux d'Espagnoles, longs et étroits, avec une prunelle veloutée qui luit sur un fond si limpide, si transparent qu'il paraît bleuâtre... Pour la bouche, c'était de l'ébène, de l'ivoire et du corail...

Et si vous les aviez vues là, mordieu, toutes ces *Namaquoises*, bizarrement éclairées par le fanal de Brulart...

Si vous aviez vu cette lumière vacillante, courir et jouer sur ces corps, tant souples, tant gracieux, qu'elle semblait dorer...

Les unes, à moitié couvertes d'une pagne aux vives couleurs, laissaient à nu leurs épaules rondes et potelées, les autres croisaient leurs beaux bras sur une gorge ferme et bondissante ; celles-ci...

Ah! si je n'avais eu un de mes grands-oncles chanoine de Reims, un bien saint homme!...

On aime, je le sais, une peau fraîche, élastique et satinée, qui frisonne et devient rude sous une bouche caressante. On aime à entourer un joli cou blanc, d'une chevelure soyeuse et dorée qui se joue sur des veines d'azur.

On aime à clore sous un baiser les paupières roses, les longs cils d'un œil bleu, doux et riant comme le ciel de mai.

On aime autant, je le sais, la pourpre

et les perles incrustées dans l'ivoire que dans l'ébène.

On aime ce maintien timide, cette allure modeste qui font si doucement tressaillir une robe de vierge... On aime encore à voir un petit pied au travers de la légère broderie d'un bas de soie encadré dans le satin.

Mais pourquoi dire anathème, cordieu, sur ces beautés noires et fougueuses comme une cavale africaine, farouches et emportées comme une jeune tigresse...

Oh! si vous les aviez vues parées pour le harem d'Ibrahim, avec leurs voiles rouges tressés d'argent, leurs anneaux d'or, leurs chaînes de pierreries qui étincelaient sur le sombre émail de leur peau comme un éclair au milieu d'une obscure nuée d'orage!...

Oh! si vous les aviez vues, furieuses, échevelées, les narines sifflantes, le sein dressé, ouvrir, fermer à demi, et ouvrir encore des yeux nageants, qui regardent sans voir, et dardent au hasard un long jet de flamme...

Si vous aviez senti leurs délirantes morsures, entendu leurs cris de rage convulsifs... Si...

Ah! mon Dieu! j'oubliais mon grand-oncle le chanoine, un bien saint homme, et le capitaine Brulart...

En somme, il s'était sans doute fait à lui-même cette comparaison (que je lui emprunte, croyez-le, je vous prie), des beautés noires et beautés blanches; car il dit à *Cartahut*: « Mène là-haut, ces deux « cocottes; » et autant pour les réveiller que pour les désigner, il donna à chacune un coup de son bâton...

L'effet fut aussi prompt qu'il l'avait espéré, *Cartahut* ouvrit le cadenas, et les chassa devant lui, toutes tristes, et toutes honteuses et à moitié nues ; les pauvres filles !...

Et en les voyant monter les étroites marches de l'échelle, le regard vitreux du capitaine Brulart s'éclaira sourdement, et brilla comme une chandelle au travers de la corne transparente d'une lanterne.

Il remonta aussi ; mais, en arrivant près du panneau de l'arrière, il s'arrêta tout-à-coup, à la vue d'un spectacle étrange et hideux....

CHAPITRE DEUXIÈME.

> En aucune chose l'homme ne sait s'arrêter au point de son besoin de volupté, de richesse, de puissance, il embrasse plus qu'il ne peut estreindre, son avidité est incapable de modération.
>
> MONTAIGNE. — Liv. II, ch. XII.

> Il y a des héros en mal comme en bien.
>
> LAROCHEFOUCAULD.

ATAR-GULL.

On se souvient, je crois, du beau grand nègre que feu M. Benoît avait acheté du courtier, d'Atar-Gull enfin, réveillé si brusquement tout à l'heure par Brulart, parce que, disait-il, ce noireau lui riait au nez. — C'était lui qui excitait encore l'attention du capitaine.

Séparé, je sais bien pourquoi, des autres noirs, on l'avait étendu en travers de la porte d'une petite cabine, située à l'arrière du brick.

En repassant auprès de lui, maître Brulart glissa, trébucha, et finit par tomber en jurant comme un païen.

En se relevant, il vit ses mains toutes tachées de sang, et *Atar-Gull* presque sans haleine.

Il s'approcha, et après un mûr examen, il s'aperçut que le malheureux s'était ouvert les veines du bras... avec ses dents!!!

Les morsures encore saignantes le prouvaient assez.

— « Ah! chien! » s'écria le négrier, tu
« t'amuses à me faire perdre deux cents
« gourdes, une fois rengraissé ton compte
« sera bon. »

Puis, passant la tête hors du panneau, « holà! *Cartahut*, » s'écria-t-il, et le mousse descendit.

— « Tu vas aller dans le coffre là-
« haut, tu prendras les deux mouchoirs
« à tabac de cette vieille bête que l'on est
« probablement en train de mastiquer
« sur les bords du fleuve Rouge ; il doit
« être coriace en diable le chien, mais
« ces *petits Namaquois* ont de bonnes
« dents,... enfin grand bien lui fasse, ça
« le regarde ; — tu vas toujours m'appor-
« ter ses mouchoirs, et en outre, une
« chique que tu trouveras dans un vieux
« soulier accroché à bord, près du porte-
« voix, car il faut bien que je fasse le
« médecin ici ! »

— Hélas ! le capitaine Brulart n'avait
point de chirurgien, par une raison bien
simple : un homme était-il blessé à son
bord, dans un combat, par exemple... il
avait vingt-quatre heures pour se guérir,

et au bout de ce temps, s'il ne l'était pas,
— *à la mer.* —

Quant à ces rhumes légers qui soulèvent à bonds précipités le sein de nos jolies femmes, toutes enveloppées de cachemires et de dentelles, de soie et de fourrures; quant à ces petites toux gracieuses et coquettes, et que l'on calme à grand'peine en puisant une guimauve blanche et parfumée dans un drageoir d'or...

Quant à ces spasmes nerveux, à cette douce et triste mélancolie qui voilent l'éclat de deux beaux yeux et les cernent d'une auréole azurée,... on ne les connaissait pas à bord de *la Hyène*.

C'était quelquefois, souvent même un homme couvert de guenilles et de fange, ivre mort, gorgé de lard et de morue, que Brulart faisait pendre la tête en bas pendant qu'on lui administrait, comme digestif, une vigoureuse bastonnade.

Ou bien un autre qui recevait d'un ami intime, d'un frère, au milieu d'une innocente discussion sur le vol droit ou anguleux d'un goeland, sur l'avantage du poignard droit ou du poignard recourbé; qui recevait, dis-je, un coup de barre de fer sur la tête.. lequel coup Brulart guérissait encore au moyen d'une forte application de sa bastonnade digestive à la plante des pieds, parce qu'une douleur chasse l'autre, disait-il...

Et puis, pour rétablir l'équilibre, on finissait la cure en réitérant l'application sur les reins, parce qu'alors la douleur, quittant la tête pour les pieds, et les pieds pour les reins, devait avoir perdu toute son intensité dans ces voyages successifs. — Sinon, comme il paraissait patent qu'on ne pouvait jamais guérir, et que Brulart n'avait pas besoin de bouches inutiles à son bord, — *à la mer*.

On le voit, le capitaine pouvait fort bien se passer de chirurgiens, puisqu'il réunissait des connaissances d'un effet aussi sûr et aussi prompt; pourtant lorsque *Cartahut* descendit, Brulart enveloppa avec une merveilleuse adresse les deux bras d'*Atar-Gull,* après avoir appliqué sur l'ouverture des veines ouvertes deux chiques, préalablement mâchées par *Cartahut,* qui reçut cinq coups de pieds à irriter un éléphant, pour ne pas mastiquer assez vite le topique.

— « Maintenant, » dit Brulart à deux des siens, « attachez-moi les mains de ce

« moricaud-là et montez-le en haut, sur
« le pont, il a besoin d'air... »

On emporta *Atar-Gull* presque inanimé,
alors le vent qui circulait plus vif lui fit
ouvrir les yeux.

C'était, on le sait, un homme d'une
haute et puissante stature, en un mot,
aussi colossal dans son espèce que Brulart l'était dans la sienne...

A un geste du capitaine, tout l'équipage reflua sur l'avant, et il resta seul à
contempler son prisonnier...

Atar-Gull, de son côté, ne le quittait
pas du regard, et tenait arrêté sur lui un
coup d'œil fixe et intuitif.

Entre ces deux hommes, il existait je ne
sais quelle affinité cachée, quels secrets
rapports, quelle bizarre sympathie, naissant de leur conformation physique; in-

volontairement ils s'admiraient tous deux, car tous deux avaient prototypée dans tous leurs traits cette apparence de vigueur, de force et de caractère indomptable, qui est l'idéal de la beauté chez les sauvages.

Ces deux hommes devaient s'aimer ou se haïr, s'aimer, non de cette amitié timide et menteuse que nous connaissons dans nos brillants hôtels, que l'on éprouve par un peu d'or, qui s'effraie d'un mot, d'un adultère ou d'un soufflet, mais de cette amitié large et puissante qui donne coup pour coup, du sang pour du sang, qui se montre au milieu du meurtre et du carnage quand le canon tonne et que la mer mugit, et qui veut qu'on s'embrasse les lèvres noires de poudre et les bras rougis... et puis... si Pylade est blessé à mort, — un énergique adieu, un bon coup de poignard pour terminer une lente agonie, un serment d'atroce vengeance que l'on tient, peut-être une larme, — et Oreste est en paix avec lui-même.

Voilà comme Brulart et *Atar-Gull* devaient s'aimer, s'aimer ainsi ou se haïr à la mort, car tout devait être extrême chez ces deux hommes.

Ils se haïrent... — Cette impression fut électrique et simultanée..... mais elle se traduisit bien différemment chez chacun d'eux ; les yeux de Brulart étincelèrent et ses lèvres pâlirent. — *Atar-Gull*, au contraire, resta calme, froid, et un sourire d'une inimitable douceur vint errer sur sa bouche ; — son regard, tout à l'heure fixe et arrêté, devint suppliant et craintif, et c'est avec une expression de soumission profonde que le nègre tendit ses bras à Brulart...

— Et pourtant la haine d'*Atar-Gull* était implacable, mais la subtile intelligence du sauvage lui apprenait que pour arriver à satisfaire cette haine, il fallait se traîner par de longs et obscurs détours. Et la dissimulation qui se trouve aussi savante, aussi instructive dans l'état de nature que dans l'état de civilisation la plus avancée, vint merveilleusement le servir.

— « C'est un lâche... il me craint, et il
« me demande grâce, » avait dit Brulart,
« je croyais qu'il valait mieux que ça ; au
« fait, c'est trop brute pour avoir de la co-
« lère et de la haine. »

Cette conviction perdait Brulart ; de ce jour *Atar-Gull* avait sur lui un avantage immense.

Le capitaine, ne le jugeant donc pas digne de son animosité, lui tourna le dos.

Et ses pensées prirent une autre direction ; il vint à se souvenir que ses noirs n'avaient rien pris depuis la veille, et appelant le *Malais*, qui parlait caffre et avait servi d'interprète dans l'échange du malheureux Benoît, il lui donna ses ordres.

Une heure après, les *grands Namaquois* reçurent une portion d'eau, de morue et de biscuits, puis vinrent par fractions de douze ou quinze humer un peu d'air sur l'avant du brick.

Ils s'épanouissaient aux bienfaisants rayons du soleil, ces pauvres nègres ; ils oubliaient la vapeur épaisse et humide de la cale, et riaient de leur rire stupide, en revoyant ce ciel bleu... qu'ils se montraient les uns aux autres.

Le *Malais* remonta comme la troisième fraction de femmes descendait….. car les femmes que nous avons vues dans le faux pont participaient aussi à cette bienfaisante promenade, « Capitaine... » dit le Malais à Brulart (et il lui parla bas à l'oreille).

— « Tout-à-l'heure, dans ce moment je
« suis en affaire, » répondit le capitaine qui paraissait courroucé. — « Viens ici, toi, le *Grand-Sec*, « il s'adressait à un matelot qu'on avait, je ne sais pourquoi, surnommé le *Grand-Sec*, car il était gros et petit.

— « Viens ici, » reprit-il, « et pourquoi,
« carogne, as-tu osé *toucher* à une de *ces*
« *dames* qui viennent de descendre ; ne sais-
« tu pas mon ordre... et que c'est sacré ?...

— « Oh! sacré... sacré... »

Et il allait ajouter je ne sais quelle horrible blasphème, que la large main de

Brulart fit brusquement rentrer dans sa vilaine bouche.

— « Et vous croyez que l'on a une car-
« gaison pour votre plaisir ! et que vous la
« gaspillerez, et que vous vous passerez
« toutes les douceurs de la vie ?

— « Vous en avez bien deux dans votre
« dunette, excusez... alors c'est différent,
« y paraît que ça vous va, et que ça ne nous
« va pas ! dit l'incorrigible *Grand-Sec*, après
avoir ramassé deux de ses dents et étanché
le sang qui coulait à flots de sa bouche....

— « Ah ! tu raisonnes, mignon ?... tu la
« veux... et bien tu l'auras...

— « La négresse... » fit le *Grand-Sec*...

— « Oui !!! »

Et dans ce *oui* il y avait une horrible
ironie qui fit, malgré lui, tressaillir le matelot.

— « Mais d'abord... il faut faire une pe-
« tite promenade, mon garçon... ça t'ou-
« vrira l'appétit pour souper... Mettez-le à
« cheval, » dit Brulart en montrant le
malheureux *Grand-Sec*. — Et ce fut une
grande joie à bord du brick.

Car si l'on comptait trouver parmi ces
gens pitié ou commisération, c'était faute.

Une punition, ça aidait à passer le temps,
car les cris du condamné égayaient un
peu... mais tout cela ne valait pas une
mort... Oh! une mort!... parce que, voyez-
vous, à une mort on héritait... ce n'était
pas tous les jours fête !

Enfin, dix minutes après, le *Grand-Sec
faisait sa promenade à cheval*.

C'est à dire qu'on lui avait mis une barre
de cabestan entre les jambes, après l'avoir
exhaussé de manière à ce que ses pieds ne

touchassent pas à terre ; de plus, pendaient à chaque jambe, à défaut de boulets, un des lourds pierriers de feu M. Benoît, et enfin, selon l'ordre du capitaine, on imprima au cabestan un mouvement rapide de rotation à peu près comme celui d'un jeu de bague, la seule différence consistait en ceci, qu'au lieu d'avoir les pieds appuyés sur des étriers, le *Grand-Sec* les avait tiraillés par deux poids de cent livres chaque.

Ainsi les articulations commençaient à craquer et à se détendre, comme s'il eût été écartelé...

Il criait... il criait, et ses plaintes étaient aiguës, convulsives et saccadées.

— « Vois-tu, *Grand-Sec*, » dit l'un en riant aux larmes, « tu es dans ta croissance...

— « Hue... hue donc, pique donc ton

« cheval, *Grand-Sec*,... tu as pourtant de
« fameux éperons,... disait un autre, en
montrant les deux masses de bronze qui
allaient arracher et séparer la jambe de la
cuisse...

— « Tu t'engageras comme tambour-
« major de cavalerie, car, vrai, tu as grandi
« de deux pouces » criait un troisième...

Enfin c'était un feu croisé de quolibets
et de hurlements de douleur atroce...

Brulart reprit sa conversation avec le
Malais.

— Tu dis donc qu'il y a deux mori-
« caudes qui ne veulent pas monter?

— « Je ne dis pas *veulent*, capitaine, je
« dis *peuvent*,... vu qu'elles sont mortes....

— « Diable... et est-ce des bonnes ?

— « Il y en a une qui n'était pas mau-

« vaise... l'autre comme ça... un peu mai-
« grotte...

— « Et le troisième jour déjà... tonnerre
« du diable ! qu'elles n'aillent pas se mettre
« à jouer ce jeu-là... est-ce de chaleur ou
« de faim ?

« — Je crois que c'est de chaleur *et* de
« faim.

— « Débarrasse ça tout de suite du faux
« pont, ça me gâterait les autres.

— « Et c'est bien vu, capitaine, car
« elles commencent déjà à s'avarier »...

. . . .

Dix minutes après, deux matelots parurent sur le pont, portant les cadavres
des négresses... enveloppés ou à peu près
dans une pagne...

On allait les jeter par dessus le bord...

— « **Un instant,** » dit Brulart...

Et on les laissa tomber sur le pont qui résonna sourdement.

Un cri plaintif et faible sembla sortir d'un des linceuls...

Les matelots se regardèrent...

— « Ce b... de *Malais*, s'est sans doute « trompé, » dit Brulart, « il l'aura crue « *finie*, et elle n'est peut-être *qu'en train*... « voyons... »

Et il tira violemment la pagne qui entourait à peine une des deux négresses...

— Un tout jeune enfant tomba du sein de sa mère où il était attaché...

(C'était une des deux négresses ayant un *petit* porté sur la facture de Van-Hop, vous savez...)

— Cette frêle et chétive créature redoublait ses faibles cris... et s'accrochait au corps de sa pauvre mère qui ne pouvait plus l'entendre !

— Brulart eut l'air presque attendri...

— « Toi, le *Malais,* » dit-il, « va cher-
« cher en bas l'autre négresse qui a un
« enfant, et monte-les ici... »

— Et il prit le négrillon dans ses larges et grandes mains...

— La négresse monta toute tremblante, croyant qu'on allait la battre, et serrant son fils entre ses bras...

— Quand elle vit les deux cadavres, elle poussa un cri triste et doux, s'agenouilla et se prit à chanter quelques paroles d'une mélodie singulière...

— « Toi, le *Malais,* » dit Brulart « ap-
« prends-lui qu'elle n'est pas là pour se-
« riner des antiennes, mais pour prendre

« ce négrillon et le nourrir avec le
« sien... »

— Le *Malais* lui présentant l'enfant, —
« Tiens, » lui dit-il en caffre... « le chef
« pâle t'ordonne de partager ton lait
« entre ton fils et celui-ci. »

— La jeune femme le regarda avec étonnement, et répondit en secouant la tête...

— « Oh! non, je ne puis, cet enfant,
« vois-tu, est le premier né d'une vierge...

— « Qu'est-ce que cela fait ?...

— Oh! non, je ne puis... sa mère est
« morte... elle est allée au grand Kraal
« de là-haut! il faut que son enfant meure
« avec elle... sans cela... qui la servirait
« au grand Kraal... la pauvre mère...
« si ce n'est son enfant ?... il faut qu'il

« meure! le premier fils d'une vierge
« jamais ne doit quitter sa mère... »

Et la jeune femme reprit son chant triste et doux, puis baisa le petit enfant qui lui souriait... en lui tendant ses bras.

— Le Malais traduisit cette conversation à Brulart...

— « Ah! bah... tout ça m'embête... va
« au grand Kraal... alors ça vaut mieux
« pour toi... »

Et le négrillon voltigea au-dessus du bord, et disparut!...

— « Qaant à elle, pour m'avoir ré-
« sisté, fais-lui un peu tambouriner les
« reins. »

— On se mit à battre la pauvre négresse, et quoiqu'elle avançât les bras en avant pour garantir son négrillon des atteintes du fouet; il en reçut quelques coups, et la mère, je vous jure, criait plus pour lui que pour elle...

— Ses cris se mêlèrent à ceux du *Grand-Sec,* à la grande joie de l'équipage, qui trouvait le concert complet.

Enfin, comme l'homme à cheval perdait connaissance, on arrêta.

— On le descendit.

— Mais on le coucha sur le pont, car il ne pouvait se tenir debout.

— « Il est plus fatigué que s'il avait fait « dix lieues... le bon cavalier, » dit un plaisant, « il n'a pourtant pas été se- « coué.

— « Silence, canaille, ». dit Brulart...

— On fit silence...

Le brick et la goëlette marchaient toujours de conserve, la brise était fraîche et le soleil se couchait étincelant, pas un nuage, un ciel pur et chaud, une mer douce et calme...

— « Vous avez tous vu, » continua le capitaine, « ce *monsieur* qui vient de des-
« cendre de cheval ; il avait manqué à
« mon ordre, et vous savez de quel bois
« je paie ordinairement ces fautes-là.
« aujourd'hui je veux être bon enfant. »

— L'équipage frémit...

— « Je veux, au lieu de le punir, le ré-
« compenser... »

— Les matelots se regardèrent, et trois des plus intrépides pâlirent...

« Et que ça vous serve d'exemple :
« écoute, toi, *Grand-Sec*... »

— Le *Grand-Sec* leva péniblement la tête et souleva des yeux éteints.

— « Tu as voulu tâter des négresses... »

Le malheureux poussa un long soupir...
il n'y pensait plus, je vous jure...

— « C'est une idée comme une autre ;
« d'ailleurs tu es dans l'âge des amours,
« aussi je ne t'en veux pas pour cela ;
« pour te le prouver, au lieu d'une... je
« t'en donne deux... mon bon homme ! »

L'infortuné ne comprit pas... mais l'équipage saisit parfaitement l'intention, et fut d'abord comme atterré d'une atrocité si calme... mais après voyant le côté plaisant de l'aventure, il se dérida, et un sourire, qui gagna de proche en proche, vint éclaircir ces figures un instant assombries...

— « Qu'on l'amarre sur une cage à
« poules avec ces deux charognes... et
« — *à la mer.*

— Vivant ? » demanda avec anxiété le

Malais, qui était intime du Grand Sec et l'aimait de tout son cœur............

— « Ça va sans dire, » reprit Brulart en regagnant sa dunette...

. . . .

— On entendit quelques mots entrecoupés, des imprécations, des blasphèmes, des prières à attendrir un inquisiteur, des rires, des sanglots, d'affreuses plaisanteries, des cris perçants... puis enfin un bruit sourd qui fit rejaillir l'eau sur le pont.

Alors Brulart se pencha sur le plat-bord, et, montrant à son équipage la cage à poules qu'ils laissaient déjà derrière eux, et le misérable *Grand-Sec*... dont les yeux flamboyaient... et qui, se tordant sur les cadavres malgré les cordes qui l'étreignaient... poussait des hurlements de rage qui n'avaient rien d'humain.

— « Que ça vous serve d'exemple, mes « agneaux... et encore, » ajouta-t-il en souriant... « il ne mourra pas de faim !...»

— Dix minutes après, la cage à poules ne paraissait plus qu'un point lumineux au milieu de l'Océan, car le soleil couchant la colorait fortement de ses rayons... puis elle s'effaça tout-à-fait quand le soleil disparut dans la brume... et que la nuit fut venue.

Alors, on vit poindre une lumière dans la dunette de Brulart : c'est cette lumière et cette retraite qui intriguait si fortement l'équipage ; que fesait-il ainsi toutes les nuits ? et pourquoi s'enfermer aussi soigneusement, car à bord du brick comme à bord de sa goëlette, il avait défendu, sous peine de mort (et il tenait sa promesse), il avait défendu d'approcher de sa cabine, à moins d'un cas imprévu et imminent, et encore s'était-il réservé le droit de juger après, si le cas était réellement imminent ; or, si malheureusement il ne le croyait pas tel, — *à la mer,* — celui qui, oubliant ses ordres, se fût approché de sa cabine avant huit heures.

CHAPITRE TROISIÈME.

— Je n'y puis rien comprendre...

Musique de Boyeldieu.

MYSTÈRE.

Brulart avait soigneusement fermé, verrouillé, cadenassé la porte de sa dunette.

Au dehors, pas le plus léger bruit, quelquefois le sifflement des cordages... le frôlement des voiles... le clapotis des vagues qui battaient doucement la poupe du brick, et s'ouvraient au sciage phosphorescent du navire, voilà tout.

Il écouta encore, regarda bien si personne ne l'épiait,.... et s'avança vers son grand coffre.

— Il l'ouvrit.

On aurait cru d'abord que ce vieux bahut ne contenait rien... mais, en l'examinant attentivement, on y découvrait un double fond.

— Il le leva.

Et dans un coin de cette cachette il prit un coffret recouvert de cuir de Russie.

Cette petite caisse, richement ornée, portait un bel écusson armorié.

C'était peut-être le blason de Brulart....

Brulart ferma hermétiquement les rideaux de la dunette, et posa le précieux coffret sur sa petite table sale et graisseuse qu'il approcha du lit...

Il se coucha à demi étendu, après avoir dédaigneusement jeté le chapeau, la couronne, la veste et la culotte de feu M. Benoît....

Alors il leva le couvercle de l'étui, et ses yeux brillaient d'un feu singulier...

Sa figure, ordinairement rude, sauvage, semblait se dépouiller de cette écorce épaisse, et ses traits fortement caractérisés, paraissaient vraiment beaux, tant une subite et inimitable expression de douceur s'y était révélée.... Il secoua son épaisse chevelure, comme un lion qui se débarrasse de sa crinière, écarta ses longs cheveux, et tira respectueusement du coffret un petit flacon de cristal miraculeusement sculpté et presque caché sous l'or et les pierreries qui l'ornaient...

Puis il approcha ce merveilleux bijou de sa lampe fumeuse et fétide, et, à sa lueur rougeâtre, contempla ce qu'il contenait.

C'était une liqueur épaisse, visqueuse,

d'une teinte plus colorée, plus brillante que celle du café. Il paraît qu'elle était pour lui d'un bien haut prix, car ses yeux rayonnèrent d'une joie celeste quand il s'aperçut que le précieux flacon était encore aux trois quarts plein.

— Il le baisa avec onction et amour, comme on baise la main d'une vierge, et le déposa, non sur la vilaine table; oh non! mais sur un petit coussinet de velours noir, tout brodé d'argent et de perles...

Il tira aussi du coffret une petite coupe d'or et un assez grand flacon de même métal.

Mais, pendant toute cette cérémonie, il y avait sur les traits de Brulart autant de recueillement et d'adoration que sur le visage d'un prêtre qui retire le calice du tabernacle...

Et, ouvrant délicatement la petite fiole, il versa goutte à goutte la séduisante liqueur qui tombait en perles brillantes comme des rubis.

Il en compta vingt... puis il remplit la coupe d'une autre liqueur limpide et claire comme du cristal, qui prit alors une teinte rouge et dorée.

Et il porta la coupe à ses lèvres avides, but avec lenteur en fermant les yeux et appuyant sa large main sur sa poitrine; après quoi, il resserra coupe, flacon dans le petit coffre, et le petit coffre dans le grand bahut, avec la même mesure, le même soin, le même recueillement...

Et quand il se redressa, vous eussiez baissé les yeux devant ce regard inspiré... qui faisait presque pâlir la lumière de sa lampe; il était beau, grandiose, admirable ainsi ; ses guenilles, sa longue barbe, tout cela disparaissait devant l'incroyable conscience de bonheur qui éclatait sur son front tout à l'heure sombre et froncé... maintenant lisse et pur comme celui d'une jeune fille...

— « Adieu, terre !... à moi le ciel... »
Dit-il en s'élançant sur son lit.

— Dix minutes après, il était profondément endormi.

Il venait de prendre la dose d'OPIUM qu'il buvait chaque soir.

Or, par une bizarrerie que l'effet et l'habitude constante de cet exalirant peuvent facilement expliquer, il avait fini par prendre l'existence factice qu'il se procurait au moyen de l'opium, ses créations si poétiques, si merveilleuses, ses délirants prestiges, ses ravissantes visions, pour sa vie *vraie*, *réelle*, dont le souvenir vague et confus venait étinceler par moment à son esprit, dans le jour parmi des scènes affreuses, comme la conscience d'une journée de bonheur vient quelquefois dilater notre cœur, même au milieu d'un songe horrible.

Tandis qu'il considérait sa *vie vraie*, sa vie qu'il menait au milieu de ses brigands, du meurtre et du vol, à peu près comme un songe, un cauchemar pénible auquel il se laissait entraîner avec insouciance, et qu'il poussait machinalement à l'horrible, selon le besoin, le désir du moment, sans réflexion, sans remord, et même avec une secrète jouissance, comme ces gens qui se disent vaguement au milieu d'un rêve affreux...— « Que m'importe... je me réveillerai toujours bien ! »

C'était en un mot — la vie renversée.

Le fantastique mis à la place du positif.

Un rêve à la place d'une réalité.

C'est obscur, je le sais.

Mais essayez de l'opium, madame, et vous me comprendrez...

Croyez d'ailleurs un homme *d'expérience*.

CHAPITRE QUATRIÈME.

> Rien n'est vrai, rien n'est faux ;
> Tout est songe et mensonge.
> De Lamartine — *Harmonies.*

> Écoutez, mes enfants, cette effrayante histoire,
> Comme d'un saint avis gardez-en la mémoire ;
> Un jour vous la direz à vos petits neveux
> Quand la neige des ans blanchira vos cheveux.
> Delphine Gay. — *La Tour du Prodige.*

OPIUM.

O douce et ravissante ivresse de l'opium, ivresse pure et suave, ivresse toute morale, élevée, poétique!

A côté de la vie réelle, triste, déçue, douloureuse, tu improvises une vie fantastique, brillante et colorée!

Là, jamais un chagrin, mollement bercé de rêve en rêve, on jouit sans regret.. c'est un long jour de fête sans lendemain, un amour sans larmes... un printemps sans hiver.

Tantôt c'est un gai voyage sur ce beau lac, dominé par l'antique habitation de vos aïeux et encadré d'un gazon vert que foulent en dansant de jeunes filles aux robes flottantes.

C'est une séduisante causerie sous un ombrage séculaire où l'on se parle si bas, si près, que les lèvres se touchent et frémissent.

Ou bien encore, c'est la demoiselle au corselet d'émeraude, aux ailes de nacre et de moire que l'on poursuit en chantant la vieille chanson qu'une mère vous a apprise autrefois.

Et puis souvent, pour contraster avec ces tableaux si frais, si jeunes, si parfumés, surgit une bizarre vision, quelque chose d'horrible et d'étrange…

qui vous terrifie et vous glace un moment...

Alors c'est comme la peur qu'on éprouve au milieu d'une paisible veillée d'automne, quand l'aïeul raconte quelque lugubre et sanglante chronique.

Mais aussi que cette folle terreur d'un instant donne un charme plus vif aux voluptueuses caresses de ces femmes pâles, douces, aériennes qui réalisent tous les songes de votre ardente jeunesse ; vous savez ! quand le regard sec, haletant sur votre couche solitaire, vous appeliez en vain l'être mystérieux et inconnu que l'on rêve toujours à quinze ans.

Oh ! qu'alors elle semble vulgaire cette ivresse du punch, malgré ses mille flammes bleuâtres et nacrées, ses étincelantes aigrettes d'opale et de feu, qui frissonnent, pétillent en courant sur les bords d'une large coupe.

Oubliez le champagne au milieu des glaçons : laissez bouillonner sa mousse ; laissez la déborder et couler à longs flots sur le cou brun des bouteilles.

— Après tout, que serait cette ivresse ? quelque lourde et grossière orgie, des idées sans suite, une tête pesante, une raison éteinte ou hébétée.

Au lieu que l'opium ! tenez... voyez ce Brulart ! si vous saviez ce qu'il rêve.

C'est un homme étrange que cet homme ! Féroce et crapuleux, c'est à force de vices et de crimes qu'il a pris un impérieux et irrésistible ascendant sur une tourbe d'êtres dégradés et infâmes ; jamais une pensée noble ou consolante ; on dirait que c'est en riant, d'un rire satanique, qu'il creuse dans la fange pour voir jusqu'à quel point d'ignominie peut aller la dégradation humaine.

Cette vie, c'est sa vie apparente de chaque jour, sa vie physique, sa vie de brigand, de négrier, de pirate, d'assassin... sa vie qui le fera pendre...

Maintenant il rêve : l'esprit, l'âme a quitté son ignoble enveloppe... c'est son autre existence qui commence... son existence aussi à lui, belle, riante, parée, avec des fleurs et des femmes, des palais somptueux, des chants de gloire et d'amour, son existence à vous désespérer tous, oui, cent fois oui, car l'ivresse de l'opium l'élève à un degré de puissance inouïe. Les trésors du monde, le pouvoir des rois ne pourraient jamais, dans votre vie réelle, vous donner la millième partie des jouissauces ineffables que goûte ce brigand en guenilles.

—Et ce n'est pas une heure, un jour, une année... mais la moitié de sa vie qu'il passe dans cette sphère divine, où il est presque dieu ; quant à sa vie réelle, ce n'est pour lui, je l'ai dit, qu'un cauchemar qu'il pousse à l'horrible autant qu'il le peut, car, vus d'aussi haut, en présence de tels souvenirs... que sont les hommes ! mon Dieu !... de la matière à contrastes, de la boue qu'on jette à côté d'un diamant pour en faire briller plus vives les étincelantes facettes...

Ainsi du moins pensait Brulart...

Tenez, suivez d'ailleurs le rêve qui répand sur ses traits cette incroyable expression de plaisir et d'extase.

SONGE.

C'était une merveilleuse villa qui se mirait au flots bleus de l'Adriatique, avec ses arbres verts, ses majestueuses colonnades et ses escaliers de marbre blanc, baignés par une mer indolente...

— Une foule de gondoles aux riches dorures, recouvertes de tentes et de rideaux de pourpre se balançaient amarrées aux dalles, et impatientes, battaient l'eau de leurs deux grandes ailes satinées qui tenaient lieu de rames et de voiles.

— On entendit une musique mélodieuse... des sons vibrants et sonores comme ceux de l'harmonica,... aériens comme ceux des harpes éoliennes.

Et puis de belles filles pâles, avec des yeux noirs, des cheveux noirs et un ineffable sourire sur leurs lèvres roses, se placèrent dans les barques en jouant d'une lyre d'ébène.

Et cette harmonie suave et mélancolique remplissait les yeux de larmes,... de larmes douces comme celles qu'on répand à la vue d'un ami retrouvé.

Alors les gondoles s'animèrent, tendirent leurs ailes argentées à une brise... odorante, qui, traversant de vastes bois d'orangers et de jasmins, apportait une senteur délicieuse, et la petite flotte s'éloigna doucement.

A l'arrière de chaque gondole une place était réservée, et les jeunes filles y jetaient incessamment des fleurs qu'elles effeuillaient en chantant à voix basse je ne sais quelles mystérieuses paroles dont la mélodie faisait pourtant battre le cœur.

Mais les gondoles frémirent de joie, agitèrent tout à coup leurs grandes ailes, et formant un demi-cercle, volèrent avec rapidité au-devant d'un petit esquif aux voiles blanches, manœuvré par un seul homme.

Cet homme, c'était Brulart... mais beau, mais noble, mais paré...

D'un bond il fit disparaître son canot, sauta dans une des gondoles, et regagna le palais de marbre escorté par les filles pâles aux yeux noirs, qui continuaient leurs chants d'une harmonie ravissante :

—Et s'étendant avec délices sur les fleurs qu'elles avaient effeuillées, il attira une des jeunes femmes sur ses genoux :

— « Oh ! viens ; que j'aime la douceur
« de ta voix, que j'aime ton sourire........
« dénoue tes cheveux au vent... que je
« les sente caresser mon front... donne...
« Oh ! donne un baiser de ta bouche
« amoureuse... j'en ai besoin, j'ai tant
« souffert ! oui, au lieu de vous, mes
« sœurs, j'ai vu en songe des êtres noirs
« et difformes ! au lieu de notre beau lac
« limpide, de ses rivages fleuris... une
« mer triste et brumeuse, un ciel gris et
« sombre ! puis un vaisseau sans pourpre,
« sans dorure et sans femmes... un homme
« qui se tordait sur des cadavres, en pous-
« sant des cris horribles... au lieu de
« cette mélodie, de ce langage pur et

« doux, j'ai entendu je ne sais quels éclats
« rauques et discordants !...

« Et puis, horreur !... je me voyais, moi,
« couvert de haillons, me jetant çà et là,
« au milieu de cette bizarre et étrange
« tourbe d'hommes affreux, parlant leur
« langue, riant de leur rire, tuant avec
« leur poignard... moi, moi, si noble et
« si fier...

« Oh ! quel rêve, quel rêve !... oublions-
« le... oui... ces souvenirs déjà lointains
« s'effacent tout-à-fait... A moi, mes
« femmes ! à moi, mes sœurs ! franchis-
« sons ces degrés ; entrons sous cette cou-
« pole étincelante de lumière... mettons-
« nous à cette table couverte de vermeil,
« de cristaux et de fleurs... »

Tout disparaissait.

Et il se trouvait au milieu d'un immense jardin, rempli d'arbres courbant sous le poids de leurs fruits.

Il avait bien soif... sa langue était sèche et rude, son gosier brûlant.

— Il prit une orange couverte d'une peau vermeille et fine et tenta de la lui ôter...

Mais à chaque morceau d'écorce qu'il enlevait, l'orange saignait comme une blessure fraîche...

C'était du vrai sang, du sang noir, épais et chaud.

— Il continua... ses mains étaient toutes ensanglantées...

— Il arracha le dernier lambeau...

— Mais, à l'instant, il se sentit mordu au doigt, mordu avec rage, comme par une bouche humaine, comme par des dents aiguës, convulsivement serrées.

— Et il se prit à fuir.

— Et il secouait sa main toujours mordue par l'orange qui, s'étant attachée à son doigt, le mâchait... le mâchait...

— Et il sentait les dents froides, arrivant jusqu'à l'os, glisser et crier sur sa membrane luisante.

— Et les dents firent rouler cet os entre elles comme entre deux lames de scie.

L'os se divisa...

Alors le contact des dents glaciales avec la moelle fit circuler un horrible frisson dans tous les membres de Brulart...

Et la moelle fut aussi divisée.... comme l'os...

— Alors il sentit l'impression fraîche et humide d'une bouche de femme effleurer ses lèvres brûlantes... et une voix bien connue murmurait à son oreille : — « Ne crains

« rien, je veille sur toi... attends-moi... »

Et tout disparut encore.

Alors il était dans une vaste chambre, toute tapissée de soie amarante brochée d'or, éclairée par l'invisible foyer d'une lumière égale et pure.

Au fond, se dressait un lit de bois de Sandal, magnifiquement incrusté de nacre et d'ivoire, couvert d'une riche dentelle et entouré d'élégants rideaux rouges qui laissaient pénétrer dans l'alcôve une lueur faible, rose et mystérieuse.

Puis, de légers tourbillons d'une vapeur embaumée, s'échappant de riches cassolettes de bronze, adoucissaient le vif et brillant éclat de délicieuses peintures qu'ils semblaient voiler.

Et ces tableaux voluptueux faisaient

battre les artères et porter le sang au visage....

On entendit marcher.... et *lui* se cacha dans un petit réduit, proche l'alcôve.

Mais de là il pouvait tout voir...

Elle entra suivie de ses femmes...

C'était peut-être une reine, car elle portait un éblouissant diadème sur son beau et noble front.

Et apercevant un lis qu'*il* avait posé sur sa toilette, elle sourit...

— Mais bientôt, impatiente, emportée, elle gronda ses femmes, car chaque fleur, chaque diamant chaque bijou, tombaient avec une lenteur bien cruelle !...

Enfin sa lourde robe bleue, toute raide d'or et de pierreries, glissant à ses pieds, laissa nues ses épaules d'albâtre, larges et rondes, avec une petite fossette au milieu.

Et l'on vit son cou gracieux et cet endroit si blanc, si doux, où naît une chevelure brune, lisse et épaisse, élégamment relevée, peignée, lustrée...

Elle se retourna...

Sa figure d'un parfait ovale avait une expression rayonnante.... ses grands yeux bleus étincelaient humides et brillants, sous des sourcils châtains, étroits et bien arqués que ses désirs haletants fronçaient un peu...

Sa gorge bondissait d'une façon étrange et faisait craquer son corset.

Elle croisa sa jolie jambe sur son genou, et dénoua, ou plutôt rompit avec violence les longs cordons de soie qui attachaient un tout petit soulier de satin.

Et puis enfin elle renvoya ses femmes, et voulut, quel caprice ! les suivre jusqu'au bout d'une galerie qui communiquait à son appartement.

Après avoir soigneusement fermé la porte de cette galerie, rapide comme un oiseau, elle vola dans sa chambre.

— « Oh mon amour, mon seul amour, » murmura-t-elle en tombant dans ses bras, à lui qui, debout, la soutenait en sentant avec ivresse le contact électrique de ce corps, d'admirables proportions.

— « Tiens, » disait-elle tout bas,.... au-
« jourd'hui.... partout tes louanges, par-
« tout on disait ton nom, mon adoré ; par-
« tout on disait ton courage, ton noble
« caractère, ta beauté... et heureuse, fière
« je me disais : ce courage, ce noble cœur,
« cette beauté, tout est à moi.... à moi....
« mon Arthur !

— « Oh ! Marie..... quel doux réveil,....

« n'ai-je pas rêvé, mon ange... que tu m'a-
« vais trahi... tué... que sais-je, moi ? me
« pardonnes-tu, dis?

— « Non, non.... tu mourras palpitant
« sous mes baisers, » dit-elle en bondis-
sant comme une jeune panthère, et lui
mordant les lèvres avec une amoureuse
frénésie...

— « Oh ! viens, viens, » dit-il, et l'on
entendit crier les anneaux d'or des rideaux
soyeux de l'alcove...

— « Mais, mille millions de tonnerres de
« diable, » hurlait *le Malais* à la porte de
la dunette, qu'il ébranlait de toutes ses
forces, « il est donc mort.... Capitaine....
« c'est la goëlette qui est à poupe, et maître

« *le Borgne* qui dit que nous sommes chas-
« sés... capitaine... capitaine ! »

Cet infernal bruit tira Brulart de son sommeil fantastique. — « Déjà... » s'écria-t-il douloureusement (je le crois) en regardant à travers les joints de ses persiennes.

Et tout avait fui avec le réveil ; il ne lui restait qu'un vague et confus souvenir qui ne faisait que l'accabler davantage.

Le Dieu retombait brigand.

Et, sans se donner la peine d'ouvrir sa porte verrouillée et fermée, d'un effroyable coup de tête il la défonça au moment ou *le Malais* frappait encore ; celui-ci fut rouler à vingt pieds...

Fort heureusement, car Brulart l'eût tué.

Mais que devint le capitaine, lorsqu'il vit la goëlette en panne, et qu'il entendit le Borgne lui crier :

— « Ah ça, vous êtes donc sourd, capi-
« taine, voilà une heure que je m'égosille
« à vous héler; nous sommes chassés, et
« par une frégate, je crois ; il n'y a pas à
« lanterner... je vais aller vous trouver, et
« nous causerons... vite... car elle a bonne
« brise, et c'est un vilain jeu à jouer... Te-
« nez... voyez-vous ce signal qu'elle vient
« de faire encore !

— « F..., » dit Brulart.

FIN DU PREMIER VOLUME.

www.ingramcontent.com/pod-product-compliance
Lightning Source LLC
Chambersburg PA
CBHW071524160426
43196CB00010B/1645